A jornada, do deserto para terra prometida
Entre sacrifícios e conquistas

A jornada, do deserto para terra prometida

ÍNDICE

Capítulo 1: Introdução ao Despertar

Capítulo 2: O Deserto da Adversidade

Capítulo 3: As Raízes da Sabedoria

Capítulo 4: Sacrifícios Necessários

Capítulo 5: Construindo Alicerces Sólidos

Capítulo 6: A Arte da Poupança

Capítulo 7: Investindo no Futuro

Capítulo 8: Superando Medos e Inseguranças

Capítulo 9: A Importância das Relações

Capítulo 10: A Celebração das Conquistas

Capítulo 11: A Mentalidade da Abundância

Capítulo 12: Conclusão e Olhar para o Futuro

Bem-vindo, querido leitor, à inesquecível jornada "A Jornada do Deserto para a Terra Prometida: Entre Sacrifícios e Conquistas". Ao abrir estas páginas, você está prestes a embarcar em uma odisséia de autodescoberta, resiliência e transformação. Cada palavra escrita aqui foi cuidadosamente escolhida para guiá-lo através dos desafios e triunfos que compõem a experiência humana. Esta obra não é apenas um livro; é um convite para refletir, aprender e crescer em direção à sua própria Terra Prometida.

Nosso ponto de partida é o Despertar, um conceito que ressoa profundamente em todos nós. Todos temos momentos em que nos deparamos com a realidade de nossas vidas e, muitas vezes, essa realidade apresenta deserto. Mas que tipo de deserto? Um deserto árido e desolador, ou um vasto espaço de possibilidades, esperando para ser explorado? As histórias que você encontrará aqui são de indivíduos que, assim como você, enfrentaram dificuldades financeiras, dilemas éticos e batalhas internas. Eles navegaram por essa aridez, armados com uma mentalidade positiva e uma determinação inabalável.

Talvez você se pergunte: por que é tão importante conhecer o deserto da adversidade? Porque, ao compreender os obstáculos e os testes que surgem em nosso caminho, podemos moldar nosso próprio destino. Este livro revelará como os desafios são meras fases transitórias, preparando-nos para as vitórias que virão. Contos de fracassos e derrotas não são narrados aqui para desencorajar, mas para lembrar que cada erro é uma lição, cada lágrima uma semente de resiliência.

Em nosso segundo capítulo, o leitor é imerso em "O Deserto da Adversidade", onde os desafios da vida cotidiana se tornam aliás forças motivadoras. Aqui, você descobrirá que muitas vezes o fracasso é apenas um trampolim para o sucesso. E cada história de superação aqui apresentada não é mais do que um testemunho de que o poder de mudar está em nossas mãos. Prepare-se para se inspirar e, quem sabe, identificar-se em algumas dessas histórias.

Seguindo adiante, o conhecimento se torna um dos maiores tesouros nesse caminho. "As Raízes da Sabedoria" - como enfatizado neste livro - traz lições atemporais de figuras icônicas que nos ensinam que a verdadeira riqueza não está apenas nas posses, mas também e principalmente na educação e na contínua busca por aprendizado. Essas lições históricas não são meras curiosidades, mas pilares de sustentação em sua jornada financeira.

Lidar com sacrifícios pode ser difícil, mas é uma parte integral do crescimento e desenvolvimento. No capítulo que discute "Sacrifícios Necessários", os leitores são convidados a refletir sobre suas próprias escolhas e o que estão dispostos a deixar para trás em nome de metas maiores. Ao mergulhar nas histórias de indivíduos que tomaram decisões difíceis, mas recompensadoras, você será encorajado a enfrentar suas próprias batalhas de forma corajosa.

No coração deste livro também está a proposta de construir alicerces sólidos, essenciais para qualquer jornada. Afinal, ter um plano bem estruturado e metas claras é como ter um mapa confiável em um território desconhecido. Ao longo destas páginas, você aprenderá a importância de estabelecer objetivos que façam sentido para sua vida, transformando sonhos em metas palpáveis.

Nas seções dedicadas à poupança e ao investimento, você encontrará não apenas técnicas práticas, mas também histórias inspiradoras de indivíduos que, ao optarem por economizar e investir com propósito, transformaram suas vidas. Serão revelados segredos sobre como pequenas decisões diárias podem culminar em conquistas grandiosas. Este conhecimento se tornará a sua bússola na incerteza econômica.

Porém, nem tudo será fácil. O medo e a insegurança podem muitas vezes sussurrar em nossos ouvidos, fazendo-nos duvidar de nós mesmos. Contudo, em "Superando Medos e Inseguranças", terás a chance de confrontar esses sentimentos. Aqui, histórias reais de fracassos serão compartilhas e estratégias para navegar sob essas sombras darão nova luz ao seu caminho.

As relações que cultivamos ao longo de nossa jornada desempenham um papel crucial na nossa caminhada. Em "A Importância das Relações", entenderemos que o sucesso raramente é um esforço solitário. As parcerias, as colaborações e o apoio de entes queridos são essenciais para transformar sonhos em realidades tangíveis.

Encerramos esta jornada celebrando as conquistas. "A Celebração das Conquistas" nos lembra que cada vitória, não importa quão pequena, deve ser reconhecida e comemorada. O crescimento é um processo contínuo; cada passo dado merece ser celebrado. Esse ato de gratidão fortalece nossa conexão com todas as vitórias que ainda estão por vir.

Mentes abertas para a abundância e corações preparados para avançar: à medida que você segue em direção ao final destas páginas, espera-se que você absorva a essência da mentalidade da abundância, aprendendo que a escassez é apenas uma forma de ver o mundo, enquanto a abundância é uma escolha que podemos fazer todos os dias.

A conclusão deste livro não encerra uma jornada, mas abre portas para novas possibilidades. Um olhar atento para o futuro é tudo que você precisa para traçar um novo caminho, munido das lições adquiridas, repleto de coragem para continuar em direção à sua Terra Prometida.

Assim, com muito carinho e dedicação, convido você a se perder neste universo e se encontrar no final desta jornada. A sua história está prestes a se entrelaçar com outras, e o que você quer fazer com isso está em suas mãos.

Siga-me, então, nesta viagem transformadora. É hora de avançar.

Com a profunda esperança de que você encontre inspiração e coragem nas palavras que se seguem, assino com gratidão,

Johnathan Jesus Oliveira.

Capítulo 1: Introdução ao Despertar

Você já parou para se perguntar qual é o verdadeiro preço dos seus sonhos? Imagine um cenário onde, ao olhar no espelho, você visse não apenas a sua imagem, mas a vida que realmente deseja conquistar. Uma citação poderosa diz que "o maior desperdício de recursos é a diferença entre o que podemos ser e o que realmente somos". Essa reflexão impactante nos leva a questionar: o que estamos fazendo agora para nos aproximar da vida dos nossos sonhos?

É exatamente aqui que inicia a jornada de muitos; uma história como a de Ana, uma mulher comum, mas invariavelmente destemida. Ana, sem possibilidades financeiras e cercada por incertezas, enfrentou uma decisão que mudaria sua trajetória. Em um dia qualquer, ela encontrou um curso de finanças pessoais que desafiava sua visão sobre prosperidade. Com um coração cheio de esperança, decidiu se inscrever — mesmo que isso significasse sacrificar suas poucas horas de lazer. O que Ana não sabia era que aquele pequeno passo a levaria a um futuro recheado de conquistas e, mais importante, de autodescoberta.

Cada um de nós, em algum momento, se depara com desafios que parecem insuperáveis. Os obstáculos da vida muitas vezes nos encarceram em nossas zonas de conforto. Contudo, como Ana provou, a mudança começa no momento em que decidimos dar um primeiro passo, mesmo que ele seja tímido. A conexão emocional com suas ações determinou o caminhar dela em direção a um destino sólido: a experiência se tornou o combustível para sua evolução — e tudo isso, de uma forma inusitada, levou outros a se inspirarem na história dela.

À medida que mergulhamos nesta obra, é essencial que você também olhe para dentro de si. Questione-se: quais sacrifícios você está disposto a fazer? Está pronto para transformar suas aspirações em ações concretas? Permita-se esta reflexão. A sobrevivência financeira e o verdadeiro sucesso não acontecem por acaso; eles são o resultado direto de escolhas feitas com coragem e determinação. Você está preparado para decidir mudar sua realidade?

Leve essa pergunta com você e contorne seus dias, pois a jornada até a Terra Prometida da abundância está prestes a começar.

Mudança de Mentalidade

Na vida, muitas vezes nos vemos presos em padrões limitantes. O que muitos não percebem é que a verdadeira transformação começa na mente. A mudança de mentalidade não é apenas um conceito vazio; é a pedra fundamental sobre a qual se ergue o edifício do sucesso. Isso fica claro ao observar a jornada de Marcos, um jovem engenheiro que, apesar de suas habilidades, estava sufocado por dívidas, levando-o à estagnação. Foi ao participar de um seminário sobre mentalidade positiva que seu olhar se iluminou para um novo horizonte.

Marcos aprendeu que, ao invés de se ver como uma vítima das circunstâncias, poderia tomar as rédeas de sua vida. "Pensei que já tinha dado meu melhor", ele refletiu ao recordar um momento de epifania, "mas percebi que estava apenas aceitando o que a vida me dizia." Ele passou a entender que a mente é um campo fértil e que o que cultiva pode transformar sua realidade. Contudo, essa jornada não se dá sem esforço. Muitas vezes, um abismo de dúvidas e inseguranças surge, tentando apagá-lo novamente.

A importância da mentalidade positiva na busca por prosperidade reside em sua capacidade de influenciar todos os aspectos da vida. Quando nos permitimos mudar o que pensamos, mudamos também nossas reações e nossas criações. Assim como Marcos, é fundamental transformar o "eu não consigo" em "eu posso, eu vou, eu faço". As histórias de sucesso são repletas de pessoas que, mesmo em situações adversas, foram capazes de resgatar sua força interior e, armados com uma mentalidade de abundância, derrubaram obstáculos consideráveis.

Em momentos de dificuldade, a resiliência torna-se um aliado. É preciso lembrar que a vida não é linear; ela é marcada por altos e baixos. O renomado escritor Paulo Coelho, em suas obras, nos lembra que cada cicatriz traz uma lição. Ele enfatiza que é preciso passar pela tempestade para ver o arco-íris. Parece um clichê, mas a repetição desses ensinamentos é fundamental para que absorvamos a essência do que significa perseverar. Você já passou por seus próprios momentos de desespero e transformou dor em poder? Lembre-se disso quando a adversidade bater à porta novamente.

A resiliência nos permite reerguer quando os ventos contrários estão a nos derrubar. Você já ouviu as histórias de grandes líderes que enfrentaram críticas e fracassos? Cada um deles transmite a mensagem de que o verdadeiro fracasso não está em cair, mas em recusar-se a se levantar. Assim, ao olharmos para nossas próprias vidas, devemos valorizar não apenas as conquistas, mas, essencialmente, as lições extraídas de nossas quedas. É essa mentalidade de aprender a se reerguer que transforma cada experiência em um bloco de construção para o seu sucesso.

Agora, pare e compartilhe: como transformar suas dificuldades em lições enriquecedoras? O que você aprendeu ao enfrentar suas quedas? É essencial cultivar essa reflexão, pois isso não apenas fortalece sua resiliência, mas também honra cada parte da sua jornada.

Conforme avançamos neste caminho, lembre-se de que o que está mudando dentro de você também se refletirá no exterior. Mantenha-se firme, pois as tempestades são apenas partes do processo. E isso leva a próxima etapa de sua jornada — uma jornada em busca de significado e crescimento, onde cada desafio se transforma em motivação e cada aprendizado em um passo a mais rumo à Terra Prometida.

Permita-se a reflexão e os questionamentos que vêm junto com ele. Entrar nesta jornada com a mentalidade do crescimento é a chave que pode abrir portas para um futuro que você nunca sonhou ser possível. Abra não apenas seus olhos, mas sua mente — a transformação começa agora.

Aventuras e Desafios

Imagine, se puder, um vasto deserto, onde o calor é sufocante e a miragem de um oásis se transforma em uma esperança distante. Ali, encontramos a história de Clara, uma mulher que atravessou o vale da desilusão em busca de um sonho. Clara era professora de escola pública, apaixonada pelo que fazia, mas sufocada por dívidas que pareciam não ter fim. A cada semana, enquanto olhava seu contracheque, a tristeza invadia seu peito, mas ela nunca deixou que isso a definisse.

Certa noite, ao invés de sucumbir ao desânimo, Clara fez uma escolha decisiva. Ela decidiu que não bastava sonhar; era hora de lutar pelo que a fazia viva. Com coragem, inscreveu-se em cursos online sobre gestão financeira, dedicando as noites à educação que mudaria seu destino. Em seus relatos, ela frequentemente menciona um momento específico: "Foi como se uma luz se acendesse dentro de mim. Eu percebi que a escassez era resultado de hábitos que poderia mudar."

Assim como Clara, muitos se deparam com decisões que definem suas trajetórias. Pedro, um jovem atleta, enfrentou o deserto da insegurança após uma grave lesão. Enquanto alguns o abandonaram, outros chegaram para apoiá-lo. Um grupo de amigos, que compartilhou experiências similares de superação, provocou uma mudança poderosa em sua vida. Eles se reuniam todas as semanas para treinar juntos, discutir seus objetivos e oferecer apoio emocional. Era nesta missão conjunta que a verdadeira força de um grupo se revelou, levando Pedro a reencontrar a paixão pelo esporte e a inspiração para seguir em frente.

Entre as histórias, é essencial lembrar que cada jornada possui nuances, uma gama rica de sentimentos e desafios. Ana, por exemplo, após perder seu emprego, encontrou na costura uma nova paixão. Quando as dificuldades financeiras pareciam insuportáveis, ela começou a costurar peças únicas e a vendê-las em feiras locais. Essa pequena mudança de rumo trouxe não apenas renda, mas um sentido renovado de propósito e identidade.

Enquanto seguimos estas narrativas, o convite é para que você, leitor, olhe para sua própria história. Quais desertos você enfrentou? Quais foram os oásis que surgiram inesperadamente em sua vida? Ao escrever essas memórias, a identificação com personagens como Clara, Pedro e Ana se torna mais intensa. Você é estimulado a encontrar, nas suas lutas e conquistas, semelhanças com essas aventuras.

Vamos, juntos, lembrar que cada um é autor de sua própria história. Cada passo em direção aos nossos objetivos, por menor que pareça, ecos de esperança e resiliência podem fazer toda a diferença. Aprender com as experiências dos outros é uma das chaves mais poderosas na busca pela liberdade financeira e por um futuro mais pleno.

Como você pode perceber, a travessia pelo deserto é desafiadora, mas não está isenta de segredos e surpresas. Uma jornada de autodescoberta que envolve sacrifício e recompensa, onde a luz da determinação brilha mais intensamente nas horas sombrias. Ao refletirmos sobre esses contos, o chamado é claro: continue a escrever sua narrativa, mesmo quando a vida parecer dura como o solo do deserto. A Terra Prometida é seu destino, e cada passo dado, cada desafio enfrentado, contribui para sua extraordinária jornada.

Chamado à Ação

Ao longo do primeiro capítulo, mergulhamos nas histórias inspiradoras de pessoas como Ana, Marcos, Clara e Pedro. Cada uma delas, à sua maneira, nos ensinou que a jornada até a prosperidade não é simples, mas é, sem dúvida, possível. Agora, é o seu momento de ação. O que você está disposto a agir para transformar seus sonhos em realidade? É hora de estabelecer um compromisso sincero consigo mesmo, de cabeça erguida e coração aberto.

Assim como uma planta precisa de água e luz para crescer, você também requer componentes essenciais para florescer na vida: dedicação, disciplina e perseverança. Faça um pacto com você mesmo. Defina metas claras e visualize seus objetivos como se já fossem uma realidade. "O que você deseja alcançar?" Essa precisa ser a pergunta que ecoará em sua mente nas horas em que a dúvida tentar dominar. Mantenha o foco nos passos que você precisa dar.

Imagine que está pronto para escalar uma montanha. Você não compensa a ausência de esforço apenas desejando tocar o topo, mas sim com cada túnel de esforço, dedicação e aprendizado que transforma a subida em conquistas. Portanto, se hoje fosse o último dia de paz, como você escreveria o seu dia? Quais decisões tomaria para que, quando você olhasse para trás, pudesse dizer: "Fiz o que tinha que fazer"?

Compartilhe seus sonhos com pessoas que vibram na mesma sintonia! Construa uma rede de suporte que nutra seu desejo de escalar, assim como Lucas, que ao se reunir com empreendedores inspiradores, encontrou vigor para prosperar. Esse é o poder das conexões! Portanto, não hesite em se cercar de indivíduos que estimulem e elevem seu potencial.

Prepare-se, pois a jornada que você está prestes a iniciar requer coragem - coragem para se libertar de comportamentos e hábitos que o aprisionam ao invés de levá-lo à liberdade financeira e emocional. É essencial que você faça uma escolha consciente. Deixe de lado as distrações e a estagnação e decida dar o primeiro passo. Se você já começou a desenhar seu sonho, a hora de agir é agora. Programe-se. Ao acordar amanhã, crie um ritual matinal onde a prática da gratidão e a visualização de seu objetivo estarão presentes. Torne isso um hábito.

E não se esqueça: a jornada será repleta de altos e baixos. Assim como Clara, que no caminho enfrentou muitos desafios, é preciso aprender a apreciar cada pequena vitória. Celebre os resultados e extrair lições dos erros. Por quê? Porque toda experiência é um tijolo na construção do seu futuro sólido. Você é o arquiteto da sua vida.

Conforme você avança, tenha em mente que não apenas a luta vale a pena — é o que você se torna enquanto a enfrenta que molda seu caráter e seu destino. O que importa é a coragem na jornada. Ao definirmos a meta, ao traçarmos exatamente onde queremos chegar, as etapas do caminho ficam mais claras.

No próximo capítulo, você descobrirá o que significa atravessar o deserto da adversidade. Está preparado para compreender a importância de lutar por seus ideais? Venha conosco e siga firme, porque a sua verdadeira transformação está à frente. A Terra Prometida da abundância está mais próxima do que você imagina. Se prepare para se surpreender!

Esta jornada não é apenas sua, mas parte de uma história maior que está apenas começando. E a primeira página já foi virada. O que estará escrito nas próximas linhas é todo seu. Você é capaz! A hora de agir é agora. Vamos juntos abrir as portas que levarão a novas possibilidades, com coragem e amor por você mesmo.

Prepare-se, o melhor ainda está por vir.

Capítulo 2: O Deserto da Adversidade

Reconhecendo o Deserto

Era uma manhã nublada quando Carlos recebeu a notícia que transformaria sua vida. O empregador, após longos meses de luta para manter a empresa à tona em meio a uma crise econômica devastadora, informara que ele não voltaria mais para o escritório. Com filhos para alimentar e um aluguel a vencer, a dor do desemprego parecia sufocante, como um deserto sem fim se estendendo sob seus pés. Cada dia tornava-se uma caminhada pelo calor escaldante da insegurança e do medo, despertando nele uma sensação de impotência que ele nunca tinha experimentado antes.

Sentado em uma cadeira na sala de estar, com o olhar perdido, Carlos refletiu sobre seus sonhos e propósitos. Sua vida, que antes parecia clara como a luz do sol, agora estava embaçada por nuvens de dúvida. A imagem de um futuro brilhante e estável parecia um mero eco distante em sua mente. Ele pensou em quantas vezes se sentira seguro em seu emprego, acreditando que, independentemente das adversidades, sempre poderia contar com seu salário no final do mês. Mas as brisas do deserto da realidade sopram, sempre de forma imprevisível.

No entanto, o que Carlos ainda não compreendia era que aquele deserto não era somente um lugar de desolação. As dificuldades enfrentadas são oportunidades valiosas para aprender e crescer. O deserto, com suas areias quentes e inóspitas, tem a capacidade de ensinar lições profundas sobre persistência e determinação. Embora dolorosa, essa fase se revelaria uma pedra fundamental em sua jornada pessoal.

Refletindo sobre o deserto que se tornara sua vida, Carlos começou a identificar não apenas a frustração e o medo que o acompanhavam, mas também o potencial de transformação que essa travessia lhe oferecia. Afinal, muitos passaram por desertos similares e saíram do outro lado mais fortes, mais sábios. Ele começou, então, a perceber que as adversidades que enfrentavam eram, em última análise, universais. Todos enfrentamos desertos, sejam eles oriundos de crises financeiras, relacionamentos rompidos ou lutos que nos marcam profundamente. Esses desânimos nos ligam na humanidade e nos oferecem a chance de explorar nosso verdadeiro eu.

Se por um lado o deserto oferece o sufocamento da insegurança, por outro, brinda seus guerreiros com a determinação de tomarem atitude. Ao perguntar-se se aqueles momentos de aflição poderiam realmente se transformar em aprendizado, Carlos começou a ter um vislumbre de esperança. Aprendizados valiosos aguardavam por ele além da visão turva do deserto. O primeiro passo para a superação seria reconhecer que era preciso fazer diferente. Ele decidiu que seria mais do que uma vítima das circunstâncias — ele se tornaria um protagonista de sua própria história.

Ao invés de respirar o silêncio da inércia, Carlos procurava abrir a porta do aprendizado, utilizando aquele momento difícil como um trampolim para se reinventar. A realidade de seu ser estava começando a mudar: ele passava a enxergar o deserto não apenas como um espaço árido, mas como uma fundação sólida onde suas futuras conquistas poderiam brotar.

Essa virada de mentalidade é o que diferencia aqueles que apenas sobrevivem dos que realmente prosperam. Ao reconhecê-lo, cada passo na areia quente torna-se uma lição, cada vento que sopra contra torna-se um lembrete da força que pulsa dentro dele. Assim, com coragem e determinação renovadas, Carlos estava prestes a iniciar uma jornada que o levaria do deserto rumo à sua Terra Prometida, provando que o poder de transformar dor em aprendizado é o que realmente nos torna vencedores.

Dificuldades Financeiras

A história de Sofia nos ensina que o caminho para o sucesso nem sempre é pavimentado. Ao abrir seu próprio negócio, a empreendedora se viu diante de dificuldades financeiras que pareciam um abismo sem fim. Tudo começou como um sonho: sair da dependência do emprego formal e construir algo que fosse verdadeiramente dela. Mas a realidade foi cruel. A falta de capital e a concorrência acirrada contribuíram para que o que deveria ser uma jornada gratificante se tornasse uma luta diária.

Sofia dedicou muitas noites a fazer cálculos, planejando cada passo de sua empreitada. A realidade do mercado, no entanto, não seguiu o ritmo de suas expectativas. "Sentia como se estivesse tentando correr uma maratona com sapatos de salto," ela costumava dizer, lembrando-se do estresse que a acompanhava. As dívidas começaram a se acumular, e as contas a vencer pareciam uma montanha que se erguia cada vez mais diante dela.

Foi em meio a isso que um dia, durante uma reunião online com um grupo de empreendedores, Sofia se deparou com uma frase que despertou algo dentro dela: "A adversidade é a escola dos campeões." Aquela evidenciação provocou uma virada em sua perspectiva. Foi nesse mesmo momento que ela decidiu que iria transformar suas dificuldades em aprendizado em vez de deixar que elas a derrubassem. "Se eu não posso mudá-las, ao menos posso aprendê-las," ela repetia para si, como um mantra de resistência e transformação.

Decidida a mudar sua estratégia, Sofia começou a pesquisar mais sobre gestão financeira e a importância de estabelecer prioridades nos gastos. Ela aprendeu que mesmo as pequenas economias somadas poderiam gerar um impacto significativo. Afinal, uma análise atenta das despesas mês a mês revelou que muitas delas eram desnecessárias. Este insight a levou a buscar alternativas mais econômicas. Por exemplo, em vez de alugar um espaço comercial, ela passou a operar de casa, economizando significativamente em custos fixos.

Enquanto suas habilidades financeiras cresciam, ela não apenas organizou suas finanças, mas começou a se perguntar e a responder perguntas profundas sobre sua relação com o dinheiro. "Por que estou tão ligada a esse bem material?" e "Como posso usar esse capital para gerar mais frutos dos meus esforços?" A transição de uma mentalidade de escassez para uma mentalidade de abundância começou a florescer dentro dela.

Agora, Sofia se arriscava a traçar um novo plano de negócios. Com cada meta alcançada, mesmo que pequena, ela comemorava como se tivesse conquistado a maior vitória de sua vida. Essa prática não apenas a motivava, mas também a tornava mais consciente de seu progresso. No final do mês, quando ela verificava seu extrato, uma onda de satisfação invadia seu peito — cada número destacado refletia seu esforço e sua determinação.

Em meio a todas essas mudanças, cruzar seus dedos era uma maneira de convidar a fé. E foi assim que, aos poucos, o deserto começou a se transformar em um território fértil. Sofia percebeu que a luta por um futuro melhor não era apenas um desafio financeiro, mas uma jornada emocional e psicológica. Essa história nos convida a refletir: como você pode reverter suas dificuldades financeiras em seu favor? Quais passos você pode tomar hoje para modificar sua realidade e criar prosperidade? Cada pequeno movimento conta, e a vontade de mudar deve pulsar dentro de você como um farol que guia o caminho.

Coragem é um combustível poderoso em tempos de adversidade. Na história de Valentina, uma jovem estudante que se viu presa em um ciclo de dificuldades financeiras enquanto buscava seu sonho de obter um diploma universitário, essa verdade se torna evidente. Valentina sempre sonhou em ser enfermeira, mas os custos crescentes das mensalidades e a pressão para trabalhar em tempo parcial a levaram a repensar suas prioridades. Entre as aulas, as horas de trabalho e a luta para equilibrar tudo isso, ela sentia como se estivesse em uma corrida contra o tempo, e uma dúvida constante a assombrava: "Estou realmente pronta para isso?"

As noites muitas vezes se arrastavam, cheias de suas reflexões. Era comum que Valentina se sentasse à mesa da cozinha, embalada por uma xícara de café e uma montanha de livros, debatendo consigo mesma a razão de ter começado essa jornada. Mas em vez de sucumbir à negatividade, Valentina logo descobriu que encontrar força nas fraquezas é uma habilidade à qual todos somos capazes de acessar. Com isso em mente, ela tomou a coragem necessária para colocar sua história em movimento.

Inspirada por um grupo de amigas que também enfrentavam seus desafios, Valentina começou a buscar apoio emocional. Ela percebeu que o poder da amizade poderia atuar como um pilar forte em meio ao tumulto. "Ninguém enfrenta essa jornada sozinho", costumava ouvir dos seus colegas, e rapidamente incorporou essa filosofia em sua vida. Assim, elas formaram um círculo de apoio, onde cada uma compartilhava medos e vitórias, motivando-se mutuamente a continuar. Valentina deu um passo adiante: em cada encontro, uma delas assumia a responsabilidade de compartilhar desafios e resoluções, celebrando as pequenas vitórias em conjunto.

Esse suporte emocional fez toda a diferença. O que antes era uma luta solitária se transformou em uma experiência compartilhada de crescimento. Valentina não só aprimorou suas habilidades de gestão de tempo, enquanto estudava e trabalhava, mas também abriu os olhos para a importância de se cercar de pessoas que inspiram e acolhem. Cada mensagem encorajadora de suas amigas se tornou combustível para sua determinação, e assim, ela já não se sentia tão pequena diante de um sonho tão grande.

Refletindo sobre a coragem que cultivou, Valentina perguntou a si mesma: "O que significa coragem para você?" A resposta estava em cada dia que ela se levantava mais cedo, vencendo a vontade de desistir. Era o momento em que ela desafiava seus medos, decidindo acreditar que poderia e que merecia alcançar o que havia sonhado um dia. Neste processo, ela começou a entender que a verdadeira coragem não é a ausência de medo, mas a capacidade de avançar apesar dele.

Começando a ver a vida como uma série de possibilidades e ideias, Valentina desenhou um mapa de suas aspirações, traçando metas e sonhos em cada página. A anotação se transformou numa prática toda semana, um momento de pausa para a reflexão. "Cada passo que dou traz novas portas para abrir", ela frequentemente dizia a seu círculo. Isso não apenas ajudou Valentina a desenvolver sua visão, mas tornou-se um lembrete do compromisso que tinha consigo mesma.

E quando as dificuldades ainda surgiam – como as contas do mês e os lutadores internos que surgiam nas horas incertas – Valentina devolvia à sua mente as palavras ditas por uma professora: "Desafios são apenas degraus que nos levam a um patamar maior." Mudar a perspectiva de suas dificuldades, considerando-as como oportunidades de crescimento, era uma habilidade que ela estava dedicando a aprimorar.

Ao enfrentar suas lutas financeiras com coragem e uma rede de apoio sólida, Valentina ficou cada vez mais segura de seu propósito. A jornada à frente ainda estava repleta de incertezas, mas ela se sentia mais preparada e armada com resiliência. Quando você visualiza o que precisa encarar, é possível desbravar mesmo as mais traiçoeiras trilhas do deserto da adversidade.

Como você pode aplicar essas lições de coragem em sua própria vida? Esta é uma reflexão válida, que pode levá-lo a iniciar mudanças significativas diante de desafios. Lembre-se, coragem não é apenas gritar de vitória; é uma escolha. Cada passo dado nesta jornada será um passo mais próximo da sua própria Terra Prometida.

Superando o deserto

Enquanto Carlos e Sofia enfrentavam seus próprios desertos pessoais, outro personagem ganhava vida em meio a esta jornada de superação e aprendizado: Giovanni. Desde jovem, Giovanni carregava o peso de expectativas familiares. Sonhando em se tornar um renomado chef, ele se viu preso em um emprego que não o preenchia. Cada dia que passava era como areia movediça, puxando-o para longe de sua verdadeira paixão e dos seus sonhos.

Depois de anos de insatisfação e frustrações, Giovanni decidiu tomar uma atitude. Em uma atitude corajosa, ele abandonou o emprego seguro e insípido e se inscreveu em um curso de culinária. "Era arriscado, mas a vida sem emoção é como um prato sem tempero", ele dizia a si mesmo. Essa decisão seria um divisor de águas — um passo da areia ildubida do deserto para a fertilidade de suas aspirações.

Os dias eram longos e cansativos. As aulas exigiam dele mais do que apenas habilidades culinárias; Giovanni teve que enfrentar seus medos internos e suas inseguranças. O desafio era imenso, mas cada treino e cada prato servido traziam uma nova lição, como se o deserto estivesse, finalmente, começando a florescer ao seu redor. Durante esse processo, Giovanni se lembrou de uma frase que ouvira em sua infância: "A perseverança é a chave para abrir as portas da possibilidade." Com este mantra, ele começou a transformar as dificuldades em oportunidades.

As noites em claro dedicadas aos estudos e a prática na cozinha tornaram-se suas melhores aliadas. Giovanni percebeu que as falhas não eram um sinal de derrota, mas sim degraus que o levavam mais próximo de sua verdadeira vocação. Ele começou a preparar pratos que contavam histórias, mostrando a essência de quem ele era. O feedback positivo de amigos e familiares atuou como combustível para sua autoestima e determinação.

Um dia, ao experimentar uma nova receita, Giovanni colocou toda a energia e amor que seu coração podia oferecer. "Essa é a minha essência, meu tempero, meu DNA", ele refletiu. E ao servir o prato, sentiu não apenas um sabor inigualável, mas a confirmação de que estava se tornando quem sempre desejou ser — um artista na cozinha. O deserto que antes o cercava começou a se iluminar com novas possibilidades. Ele percebeu que não era apenas na culinária, mas em toda a sua vida que a autenticidade e a paixão poderiam transforma-lo.

Finalmente, chegou a oportunidade que Giovanni tanto esperava: uma vaga em um prestigiado restaurante. Ele se preparou para a entrevista com um coração veloz mas esperançoso. Naquela sala fria e impessoal, sob o olhar crítico do chef chefão, Giovanni respirou fundo e expressou sua alma através das suas histórias. Ele falou de suas lutas, de suas conquistas e da paixão pela culinária que havia o movido através do deserto da insegurança. Com um sorriso confiante no rosto, ele se despediu, certo de que havia dado o seu melhor.

A resposta chegou dias depois e trouxe a confirmação que ele tanto ansiava: Giovanni havia sido aceito. O deserto da adversidade tinha finalmente cedido espaço para a frutificação de seus sonhos. Agora, ele não apenas trabalhava em um dos mais reconhecidos restaurantes de sua cidade, mas também se tornava um exemplo para outros que enfrentavam seus próprios desertos.

A história de Giovanni destaca uma verdade fundamental: aos olhos da adversidade, resiliência e coragem podem transformar os desafios na areia do deserto em uma jornada vibrante. Ao atravessar a areia dolorosa, ele não apenas superou suas dificuldades, mas também ofereceu conhecimento profundo aos que estavam dispostos a ouvir suas lições.

A transformação não se limita ao momento em que as dificuldades são superadas, mas se mede pelo poder da história que se cria em cada momento de superação. Agora é a sua vez! O que você aprendeu ao longo de sua sua jornada e como vai transformar essa sabedoria em combustível para sua caminhada rumo à sua verdadeira Terra Prometida?

Vocês já foram protagonistas e lutadores ao atravessar seus próprios desertos. Que tal resgatar essas histórias e transformá-las em um novo mantra para seus desafios? é tempo de deixar as pedras da estrada como parte da construção do seu futuro! Torne essa jornada sua e faça da sua história um conto inspirador para os que caminham ao seu lado.

Capítulo 3: As Raízes da Sabedoria

A Sabedoria de Tempo e Espaço

Em uma manhã ensolarada, quando os primeiros raios de sol atravessavam as cortinas da antiga biblioteca, Carlos folheava páginas amareladas de um livro sobre a Antiga Babilônia. Ele observava, com a mente aberta, como, mesmo em tempos em que a tecnologia mal fazia parte do imaginário humano, os babilônios já haviam desenvolvido princípios financeiros que ainda hoje ressoam. A história, marcada por suas lendas e ensinamentos, parecia falar com ele, como se cada frase ecoasse através do tempo, trazendo lições valiosas.

Um dos conceitos que mais o impressionou foi a relação entre a sabedoria e o dinheiro. Os babilônios acreditavam que a verdadeira riqueza não era apenas a acumulação de bens, mas o conhecimento e a capacidade de administrar o que se possuía com prudência e justiça. Eles tinham um dito: "Os conhecimentos são como os campos, se não forem cultivados, se tornam áridos." Carlos refletiu sobre o significado daquelas palavras, como se fossem sementes plantadas em sua mente. Ali, sentado entre prateleiras repletas de histórias, ele compreendeu que para prosperar financeiramente, era preciso se tornar um eterno estudante, disposto a aprender e reaprender.

A antiga civilização também tinha suas dificuldades. Assim como Carlos enfrentava seus desafios, os babilônios lidavam com incertezas: guerras, escassez de recursos e crises climáticas. E assim, a pergunta o assaltou: como eles superaram essas adversidades? A resposta, aparentemente simples, se desdobrava em camadas de complexidade. Através do que chamavam de "sabedoria coletiva", onde cada membro da sociedade contribuía com conhecimentos e experiências, criando um banco de dados imensurável. Era um lembrete poderoso de que a nossa individualidade se fortalece no coletivo.

A imagem de seu próprio círculo de apoio, as conversas estimulantes com amigos e mentores, trouxe um calor reconfortante ao coração de Carlos. Ele percebeu que o aprendizado não deve ser um fardo, mas um vinho encorpado que se aprimora com o tempo e a troca. "O que faço com o que sei?" Essa indagação formou-se como um mantra. Estava claro que o conhecimento adquirido deve ser aplicado, não guardado em um canto escuro da mente.

Enquanto suas reflexões se aprofundavam, Carlos lembrou-se de Rosa, sua avó, uma mulher que sempre defendeu a importância da educação. "Uma mente bem educada é um presente eterno," ela costumava dizer. Aquela sabedoria popular tinha se tornado um vetor em sua jornada pessoal. Agora, mais do que nunca, o desejo de aprender e partilhar conhecimento ardia. Em momentos de adversidade, era esse compromisso com o aprendizado que o ajudaria a se levantar, novamente, do chão.

No universo caótico da vida, entender a relação entre passado e presente se revelava crucial. Carlos se permitiu imaginar que os ensinamentos da Babilônia eram como mapas antigos guardados em baús do tesouro, impulsionando uma reflexão: "E se eu também pudesse desenterrar as verdades escondidas em minha própria história?" Ele lembrou-se de cada batalha, cada erro, e como esses lhe haviam moldado.

E assim, a busca por sabedoria tornou-se mais do que um mero desejo de sucesso. Era uma missão de vida. Com um sorriso determinado, Carlos decidiu que exploraria as tradições e ensinamentos ancestrais, buscando pela água fresca que nutriria suas raízes e alimentaria seu caminho rumo à prosperidade. Afinal, a sabedoria é um legado que não deve ser perdido, mas passado adiante, como um presente inestimável, repleto de tesouros que brotam da experiência e da história.

Naquele momento de introspecção, Carlos percebeu que cada passo dado nesta nova jornada não era apenas sobre alcançar objetivos financeiros, mas uma profunda conexão com o ser humano que ele estava se tornando. Ele sabia que, assim como os sábios da Antiga Babilônia, ele também tinha a oportunidade de transcender seus desafios e construir uma história notável, repleta de significado e aprendizado.

O conhecimento é a base do sucesso

Carlos não parava de pensar nas lições que aprendera com a Antiga Babilônia. Aquelas noções de administração não eram só fragmentos de uma história estava cimentando a construção de um futuro próspero e significativo. Mas ele sabia que para realmente colher os frutos desse princípio fundamental, seria necessário trilhar um caminho ativo de educação financeira — não apenas em um sentido formal, mas também por meio de experiências de vida e aprendizado contínuo.

Em uma tarde tranquila, ao visitar uma livraria local, Carlos se deparou com a seção dedicada ao empreendedorismo. Ali, as palavras dançavam sob seus olhos, despertando sua alma adormecida. Como uma espinha dorsal forte, os livros representavam a força do entendimento e da prática. Ele pegou um volume sobre gestão financeira, suas páginas jazendo como páginas do destino, esperando serem desvendadas. "Se o conhecimento é a chave", pensou, "então a educação será a porta para o meu futuro."

E assim, Carlos viu-se imerso em um mundo de possibilidades. O desejo de expandir sua consciência sobre finanças o levou a descobrir histórias de pessoas notáveis que, assim como ele, não tiveram acesso a uma educação formal, mas mesmo assim abriram alas para seus sonhos por meio de um aprendizado constante. Contos de superação iluminavam as páginas à sua força e perseverança. Lembrou-se de Alberto, um ex-barbeiro que virara empresário do ramo alimentício após ter lido cada livro que conseguiu achar sobre gestão financeira. Ele havia se tornado uma lenda de seu bairro, um verdadeiro mentor para jovens que sonhavam em crescer.

Enquanto refletia sobre o impacto do aprendizado em sua vida, Carlos sentiu um impulso dentro de si — um desejo de seguir o mesmo caminho. Ele decidiu promover sua própria jornada de conhecimento. Em cada recanto de sua rotina, buscou aprender algo novo: assistia a palestras online, frequentava workshops e se engajava em conversas com pessoas que eram referências em suas áreas. Seu espírito estava em constante evolução, e a cada novo conceito aprendido, sua visão de futuro se tornava mais nítida.

Esse aprendizado não era apenas acadêmico; Carlos entendia que a educação financeira envolvia mexer com suas emoções e comportamentos. Ele começou a olhar para seus hábitos de consumo de forma diferente. Ao ter consciência do que realmente importava em sua vida, tornou-se capaz de distinguir entre necessidades e desejos. Com isso, a disciplina financeira — o verdadeiro alicerce da prosperidade — começou a tomar forma de maneira orgânica.

Uma vez, após uma conversa franca com um amigo sobre investimentos, Carlos lembrou-se de uma frase impactante que ouvira na infância: "a sabedoria está em saber o que fazer com o que se tem." Reflexão após reflexão, Carlos mergulhou em novos conteúdos que tratavam desde orçamento pessoal até estratégias de investimento de risco. Ele percebeu que cada livro lido e cada conversa trazia uma nova perspectiva, uma nova maneira de ver o mundo que o cercava. Mais do que dicas financeiras, essas experiências operavam como transformações internas — limpando espaços ocupados por medos e incertezas.

Com o passar dos meses, Carlos começou a aplicar o conhecimento adquirido em sua vida de forma prática. Era como um jardineiro que aprende a cuidar de suas plantas; seus pequenos investimentos floresciam com maior vigor, e ele testemunhava a colheita se multiplicar de maneira gratificante. As dificuldades que um dia pareciam intransponíveis agora eram desafios que impulsionavam seu crescimento, e o antigo deserto que o cercava começava a se transformar em uma rica floresta de oportunidades.

A história de Carlos, assim como a de Alberto, enfatiza uma verdade fundamental: o conhecimento é a chave. Neste mundo de incertezas, a educação constante pode ser a ponte que conecta o presente ao futuro desejado. Enquanto seu ciclo de aprendizado continuava, Carlos compreendeu que esse caminho não era só uma jornada pessoal, mas também um convite para que outros pudessem trilhá-lo. Ele decidiu que compartilharia suas experiências. "Cada um de nós", pensou, "carrega a responsabilidade de iluminar o caminho para aqueles que ainda não se encontraram".

E assim, via-se não apenas como um estudante, mas como um mentor em potencial — um guia que poderia ajudar outros a navegar pelo eloquente labirinto da educação financeira. Afinal, como os sábios da Antiga Babilônia já haviam insinuado, o conhecimento, uma vez cultivado, é uma herança que se perpetua e se multiplica com o passar do tempo.

A Arte da Aplicação do Conhecimento

Com a mente agora nutrida de conhecimento e a determinação pulsando em seu coração, Carlos começou a entender que a verdadeira transformação não reside apenas na absorção de informação, mas, sim, na habilidade de aplicar o que aprendera nas situações cotidianas. Era como se ele estivesse em um laboratório, misturando suas descobertas financeiras com experiências de vida, criando novas reações que promovessem crescimento e aprendizado constante.

Convencido de que a teoria poderia se tornar realidade, decidiu implementar uma pequena estratégia: todos os dias, reservava um momento para refletir sobre as lições que absorvera e pensava em maneiras de incorporá-las em sua rotina. Em um desses momentos de contemplação, surgiu a ideia de estabelecer um orçamento mensal. Ele pegou um caderno que tinha jogado na prateleira e começou a anotar suas despesas. "É hora de registrar cada gasto e cada conquista", pensou, enquanto traçava linhas com caneta azul sobre o papel.

Nos primeiros dias, esse exercício parecia desafiador, como escalar uma montanha íngreme. Cada despesa anotada revelava um padrão que antes passara despercebido, e com isso veio a consciência de que cada centavo tinha sua importância. Carlos percebeu que, em meio a compras impulsivas, havia a oportunidade de redirecionar recursos para investimentos mais significativos. Ao final do mês, ao revisar suas anotações, um sentimento de realização o invadiu. Ele estava, de fato, tomando o controle de sua vida financeira.

Inspirado por essa experiência, decidiu que seria a hora ideal para aplicar seus conhecimentos em uma nova esfera: a criação de um pequeno empreendimento. Sabia que muito além de dar os primeiros passos, era vital projetar uma ideia que se alinhasse a seus talentos e paixões. A imagem de desenvolver uma loja online, vendendo produtos artesanais que sempre fizera, começou a tomar forma em sua mente. Afinal, ele desejava transformar todos os obstáculos encontrados no deserto da adversidade em um espaço produtivo de oportunidades.

Aquela empreitada exigiria disciplina, mais uma vez desafiando-o a usar suas habilidades recém-descobertas de gestão financeira. Carlos usou seu caderno não só para anotar as despesas, mas também para desenvolver um plano de ação. Estabeleceu metas claras, como quanto precisava investir em materiais e qual seria o retorno esperado. Embora sentisse uma pontada de medo ao olhar para a linha de partida, a paixão pela ideia o motivava a seguir em frente.

Durante esse processo, frequentemente se lembrava de histórias de pessoas que, com coragem e visão, tornaram seus conhecimentos em ações concretas. Como a vez em que leu sobre um jovem designer que começou apenas com uma conta no Instagram e um pequeno enxoval de produtos. Ele havia escutado que "a grandeza começa com um simples passo", e a frase ressoava em sua mente como um mantra positivo.

Semanas se passaram e sua loja online finalmente foi lançada. A adrenalina pulsava quando o primeiro pedido surgiu em sua caixa de e-mails. O fato de pé mostrava que o que antes fora uma ideia, agora se tornara uma realidade. Enquanto Carlos dedicava as noites a compor produtos e aprimorar sua apresentação online, aprendeu que a veracidade do conhecimento estava em cada ajuste, em cada escolha feita. O curso oferecido anteriormente começara a surgir em sua mente como uma linha temporária, unida pelo fio do esforço e da prática.

E assim, ele compreendeu que a jornada do aprendizado é repleta de tentativas e erros, mas que a persistência é o que se traduzira em sucessos. Cada movimentação financeira, cada produto criado, mesmo aqueles que não vendiam, oferecia lições que lapidavam suas habilidades. Aquela experiências de conversões não se limitavam ao lucro financeiro, mas eram marcadas por um crescimento pessoal palpável.

Carlos engajou-se em buscar feedbacks depois de cada venda, não só com a intenção de vender, mas de entender o que as pessoas estavam verdadeiramente buscando. Ele expressou gratidão pelos erros, compassividade pelas dificuldades e, acima de tudo, curiosidade genuína. Esse desprendimento definia sua nova fase — um técnico em constante evolução que encontrava na aplicação do conhecimento a arte de viver.

A cada passo dado, Carlos percebeu que a resistência ao uso do que aprendera diminuía, e aquela anterior sensação de ineficácia foi substituída por um sentimento vibrante de realização. Ele se tornara um exemplo de que o conhecimento não é um fardo, mas uma luz a iluminar o caminho, desde que esteja disposto a movê-lo por meio da ação. Neste momento, ele entendeu com clareza que o conhecimento é como uma semente: deve ser plantado, cultivado e irrigado com paciência, para que possa florescer e criar um amplo jardim de oportunidades.

E você, já parou para refletir sobre como seus conhecimentos podem ser aplicados em sua vida diária? Que passos concretos você pode iniciar para transformar o que você sabe em uma ação poderosa? A resposta pode estar mais próxima do que você imagina, basta ter coragem e disposição para dar o primeiro passo.

A Jornada do Aprendizado Coletivo

Em um mundo cada vez mais interconectado, Carlos descobriu que sua caminhada sozinha poderia se transformar em algo mais grandioso através da coletividade. A experiência de estudar e aplicar seu conhecimento era intensa, mas a ideia de unir forças com os outros se tornou uma fonte de inspiração renovada. Assim, ele começou a buscar comunidades locais onde pudesse compartilhar suas descobertas e aprender com as experiências alheias.

Certa vez, ao entrar em uma pequena biblioteca comunitária, sentiu um calor genuíno ao ver um grupo de pessoas reunidas para discutir finanças e empreendedorismo. Elas compartilhavam suas histórias, sucessos e falhas, criando um espaço onde o aprendizado fluía como um rio. Carlos se apresentou e, aos poucos, sua voz se tornou parte daquele coro de sabedoria compartilhada. Era como se as barreiras que o isolavam se dissolvessem, e ele se sentisse, finalmente, em casa.

Entre as inúmeras histórias que ouviu, uma particularmente o marcou. Era a história de Débora, uma mulher de meia-idade que havia recomeçado sua vida após passar por sérias dificuldades financeiras. Ela não apenas se reinventou como empreendedora, mas decidiu criar um grupo de apoio financeiro para ajudar outros a superar suas próprias lutas. Com seu entusiasmo contagiante, Débora galvanizava o grupo como uma líder natural, sempre equilibrando empatia e pragmatismo.

Carlos ficou fascinado com a ideia de um aprendizado coletivamente enriquecido por experiências individuais. Parecia evidente que, juntos, poderiam encurtar a curva de aprendizado, levando-os a alcançar suas respectivas Terras Prometidas de forma mais rápida e efetiva. Ele passou a sugerir que formassem uma rede de mentores, onde cada membro poderia compartilhar seu conhecimento e oferecer apoio de maneira integrada.

As reuniões tornaram-se um espaço vibrante de troca, uma verdadeira síntese de sabedoria e ações concretas. À medida em que contavam suas histórias, as falhas e os erros de um se transformavam em lições preciosas para os outros. A confiança crescia e as ideias se multiplicavam. O grupo até decidiu organizar oficinas onde poderiam treinar habilidades específicas, como a elaboração de planos de negócios e estratégias de vendas.

Carlos percebeu a mágica da coletividade: era uma união poderosa, em que o conhecimento de cada um se tornava um legado coletivo. Lembrou-se das anotações que fizera sobre os babilônios e como a sabedoria deles sempre enfatizara a importância da contribuição individual para o bem comum. A história, mais uma vez, se revelava como um farol iluminando o presente.

Com o tempo, as metas que o grupo se fixara mostraram frutos tangíveis. O apoio mútuo propiciava avanços que antes pareciam distantes. Os membros começaram a compartilhar suas conquistas; alguns abriram seus pequenos negócios, enquanto outros conseguiram estabilizar suas finanças de maneiras que não imaginavam. Celebrar essas vitórias, grandes e pequenas, reforçou ainda mais o elo construído entre eles.

Carlos, entusiasmado, refletiu sobre como essa jornada de aprendizado compartilhado o havia moldado. A coletividade lhe ensinou não apenas abrir-se ao aprendizado, mas abraçar a vulnerabilidade e oferecer o que podia em troca. Naquele espaço, compreendeu que as relações não se tratavam simplesmente de troca de informações, mas de construir uma rede de apoio inquebrantável. Juntos, avaliaram e redefiniram suas ambições e o caminho a seguir.

E assim, a jornada de Carlos não era apenas a sua — ela se tornara um esforço coletivo, um convite à ação para que todos, com suas bagagens únicas, se tornassem protagonistas de suas histórias. Lembrou-se das palavras de Débora ao final de uma de suas reuniões: "Dar é um ato repleto de poder; ao compartilharmos, deixamos um legado." Ele também percebeu que ao nutrir-se desse aprendizado coletivo, estava, de fato, desbravando os caminhos rumo à sua própria Terra Prometida.

Como você pode se envolver em sua comunidade e criar uma rede de aprendizado que enriqueça a todos? Quais valiosas trocas você está pronto para iniciar? Ao dar um passo em direção à coletividade, lembre-se: juntos somos mais fortes. É tempo de unirmos nossas vozes, compartilhar nossas histórias e florescer através desse aprendizado mútuo!

Capítulo 4: Sacrifícios Necessários

O Conceito de Sacrifício

Enquanto Carlos refletia sobre sua jornada, um novo entendimento sobre sacrifício começou a tomar forma em sua mente. Sacrifício, pensou ele, não é simplesmente abrir mão de algo — é um conceito profundo que perpassa a essência de suas escolhas e, mais importante, de seu crescimento. Para ele, a verdadeira definição de sacrifício reside no valor que se atribui ao esforço exigido para alcançar um sonho.

Sentado à mesa da cozinha, uma xícara de café quente à sua frente e a luz suave da manhã filtrando pela janela, ele começou a escrever. Cada palavra era um desabafo de seu coração. O que realmente significa sacrificar algo em prol de um futuro melhor? Ele sabia, sem dúvida, que cada escolha tem um custo, um preço a pagar e, muitas vezes, esse preço pode envolver conforto, comodidade e até mesmo relacionamentos pessoais.

Carlos pensava sobre a diferença entre sacrifícios voluntários e involuntários. Em sua trajetória, teve que abrir mão de momentos de prazer, como sair com amigos ou gastar em coisas supérfluas, tudo em nome de um objetivo maior. A linha entre a escolha e a obrigação, por vezes, se tornava tênue. Ele lembrou-se de noites solitárias passadas estudando ou planejando suas finanças, enquanto outros estavam se divertindo. Era um dilema que o buscava constantemente.

Mais adiante, a reflexão se aprofundou. "Quantas vezes deixei de lado o que me trazia alegria imediata," indagou ele, "por um benefício que ainda não saboreei?" Isso pesava sobre seus ombros, mas ao mesmo tempo, o libertava. Decidiu que cada sacrifício era uma escolha poderosa — uma decisão consciente de direções a serem tomadas, um compromisso com seu futuro que não deveria ser visto como uma mera perda, mas como um investimento.

Revisando as lições de líderes inspiradores que estudara, Carlos trouxe à tona exemplos de figuras que, devido a decisões difíceis, alcançaram grandes conquistas. Sua mente imediatamente saltou para a história de sua avó, Rosa. Ela, uma mulher de raízes profundas, sempre dividiu com Carlos histórias de desafios enfrentados em busca de uma vida digna. Sacrificios na forma de longas jornadas de trabalho e muita determinação trouxeram flores a um jardim de felicidade e segurança familiar.

Com a caneta deslizando sobre o papel, Carlos percebeu que o ato de sacrificar-se trazia consigo uma responsabilidade emocionante. Essa responsabilidade não era só dele, mas uma expressão de amor e respeito pela história que estava construindo. Ao abrir mão do que parecia ser precioso no presente, ele estava se nutrindo de oportunidades infinitas que se desdobrariam no futuro.

À medida que seus pensamentos se organizavam, uma pergunta poderosa começou a ecoar dentro dele: "O que estou disposto a sacrificar por meu sonho?" A inspiração de sua avó venhoou em sua mente, iluminando o caminho escuro da incerteza. Não poderia mudar o passado ou eliminar os desafios que viriam, mas cada sacrifício que decidisse fazer agora poderia moldar o futuro que tanto desejava.

E assim, nesse pequeno momento de calmaria, Carlos decidiu que seria valente e tomaria essas decisões de forma consciente. Ele reconheceu o papel do sacrifício em sua jornada e como isso formava a base sólida para a grandeza que almejava. Continuar avançando, apesar dos obstáculos, era a única maneira de conquistar a tão sonhada Terra Prometida — e nessa narrativa vibrante, cada sacrifício seria mais do que uma perda, mas um degrau para a prosperidade e realização de sua vida.

"Sacrifícios," refletiu ele, "são as sementes que plantamos em solo fértil. Nossas escolhas cuidadosas tornando-se colheitas abundantes no futuro, prometendo longevidade à nossa história." É preciso, agora, que cada leitor se pergunte: qual será o seu sacrifício em busca da realização pessoal e financeira? Que sementes você está disposto a plantar nesse solo rico de possibilidades? As respostas podem definir o caminho e, por fim, transformar sua vida em algo memorável.

Histórias Inspiradoras de Sacrifícios

Na jornada da vida de cada um de nós, existem momentos imortais que se tornam trampolins para um futuro luminoso. Uma dessas histórias é a de João, um jovem empresário que, decidido a transformar sua paixão por tecnologia em um negócio próspero, abriu mão de sua vida social por um bom período. Ele trabalhava incansavelmente, mergulhado em estudos sobre inovação e gestão, enquanto seus amigos desfrutavam de festas e confraternizações. Os finais de semana, antes recheados de diversão, foram trocados por horas dedicadas a desenvolver um aplicativo que resolveria um problema específico na sua comunidade.

O sacrifício não foi fácil; por muitas vezes, sentiu-se sozinho, como um marinheiro em alto-mar, navegando por águas desconhecidas. Mas, na profundidade desse esforço solitário, surgia uma clareza. Ao invés de se lamentar pela ausência de rostos familiares ao seu lado, João começou a perceber que cada linha de código que digitava estava o aproximando de um sonho que parecia distante. A solidão se transformou em gratidão pela determinação que nutria. Após meses de trabalho árduo, o aplicativo foi lançado. Os downloads começaram a aparecer como folhas caindo em um outono vibrante, e a alegria que preenchia seu coração ao ver o sucesso foi a recompensa por todo o sacrifício.

Em outra narrativa, temos a história de Clara, uma mãe solteira que, após a separação, decidiu voltar às salas de aula. A educação sempre fora um sonho adiado, mas a necessidade de oferecer uma vida digna para seus filhos se tornou o combustível que a impulsionou a estudar dia e noite. Enquanto as crianças dormiam, Clara mergulhava em livros e apostilas, seu coração pulsando com a certeza de que uma nova vida estava prestes a surgir.

Ela enfrentou barreiras emocionais e financeiras, mas sabia que o sacrifício era um passo necessário em direção ao futuro brilhante que desejava para seus pequenos. Suas jornadas pela sala de aula se tornaram longas e cansativas, mas Clara encontrava ânimo na risada inocente dos filhos. Ao completar seu curso, não apenas recebeu um diploma, mas também a certeza de que cada noite de estudo, cada lágrima derramada e cada momento de dúvida foram os tijolos na construção de um legado significativo.

Essas histórias de sacrifício não são meros eventos isolados; elas nos lembram que cada escolha tem um preço e que, muitas vezes, é a dor da renúncia que nos leva a realizar nossos sonhos mais profundos. Carlos refletiu sobre essas narrativas; a resiliência de João e a determinação de Clara eram ecos de sua própria jornada. Ele percebeu que os sacrifícios necessários não são perseguições vãs, mas sim lemas de crescimento, fórmulas de sucesso que se entrelaçam ao longo da estrada de cada vida.

O sacrifício traz consigo uma poderosa ideia de transformação. Proporciona espaço para nós e molda nossas identidades, nos guiando na construção de um futuro sólido. É fundamental entender que, embora assumir responsabilidades possa cortar raízes do conforto, ele também faz brotar flores do potencial adormecido em cada um de nós. Tal como os pilares que sustentam nossos edifícios, os sacrifícios necessários nos levam a erguê-los em direção ao céu, prontos para receber o que há de melhor.

Então, ao lembrar-se dessas histórias inspiradoras, Carlos incentivou-se a ir além da zona de conforto. Seu próprio sonho de prosperidade e realização não se tratava apenas de um destino, mas de uma jornada repleta de sacrifícios que trariam frutos abundantes. É hora de refletir: o que você está disposto a sacrificar para que seus sonhos se tornem realidade? Que histórias estão esperando para serem escritas em sua própria jornada?

Carlos, imerso em seus pensamentos sobre sacrifícios, começou a perceber como a busca pelo conforto muitas vezes se tornava um grande obstáculo em seu crescimento pessoal. Era fácil se deixar levar pela rotina que oferecia prazer imediato, como sair com amigos ou comprar aquele item tão desejado. No entanto, ele sabia que essas pequenas indulgências poderiam encobrir o caminho para a realização de seus verdadeiros sonhos.

Decidido a transformar sua vida financeira, ele se propôs a explorar os limites de sua disciplina. "O que é mais importante para mim agora?" Essa pergunta permanecia pulsando em sua mente enquanto ele organizava suas prioridades. Carlos entendia que a liberdade financeira exigiria sacrifícios. De fato, ele não poderia ter uma vida extravagante enquanto buscava essa prosperidade.

Primeiro, decidiu revisar seu estilo de vida. Com um olhar crítico, ele fez uma lista de suas despesas mensais e analisou cada item. As jantares frequentes em restaurantes, as compras por impulso e os assinaturas de streaming eram gostos que, embora lhe proporcionassem prazer, não eram essenciais para o seu crescimento. Todo mês, ele se comprometeu a estabelecer um valor fixo para essas despesas e cortou o que não era vital. Aquela atitude, embora desafiadora, trouxe uma clara sensação de poder sobre suas finanças.

Carlos também começou a investigar a importância da disciplina na formação de novos hábitos alimentares. O processo não foi simples, mas ele estava determinado. Preparar suas refeições em casa se tornou uma prática fundamental e divertida. Ele aprendeu a cozinhar pratos saudáveis que despertavam sua criatividade na cozinha e, ao mesmo tempo, preservavam seu orçamento. Esse novo estilo de vida não só beneficiou sua saúde, mas também se revelava uma ótima estratégia para gerenciar suas finanças.

Nesses momentos de reflexão, ele se lembrou de uma história inspiradora que a avó sempre contava. Era sobre um agricultor que, ao decidir priorizar a qualidade do solo em vez da aparência superficial de suas plantações, acabou colhendo o melhor resultado em sua safra. Mais do que uma fábula, isso o fez perceber que responsabilidade e visão clara são cruciais para quem deseja prosperar. Sacrificar um pouco do presente poderia representar um ganho imensurável no futuro.

Foi então que Carlos se voltou para a ideia de investimento. No meio de toda essa transformação, ele também se comprometeu a reservar mensalmente um percentual de sua renda. Para isso, abriu uma conta separada, onde o dinheiro ficaria guardado até que se tornasse suficiente para ser usado em investimentos efetivos. Ele começou a participar de workshops, a ler livros sobre o assunto e a trocá ideia com outros investidores. O conhecimento adquirido valia mais do que qualquer conforto temporário.

Muitas vezes, na solidão de suas decisões, sentia-se tentado a desistir. Porém, ao invés de se deixar abater pelas dificuldades, ele olhava para o horizonte e se lembrava das grandes conquistas que ainda desejava alcançar. Carlos começou a compreender que os sacrifícios que estava fazendo eram fundamentais para a construção de um caminho sólido rumo a sua Terra Prometida.

Essa nova perspectiva trouxe um novo significado às sua jornada. Se ele quisesse colher os frutos dessa transformação, precisaria ser intencional sobre suas escolhas. E o mais interessante foi perceber que, mesmo sacrificando algumas das coisas que lhe davam prazer, ele estava se abrindo para um mundo de novas oportunidades. Cada passo dado na disciplina e cada escolha focada em seu objetivo finalmente trazia a recompensa que tanto buscava — um futuro mais seguro e promissor.

E assim, Carlos decidiu compartilhar suas experiências com o grupo de apoio que havia criado. Juntos, eles podiam trocar ideias sobre sacrifícios e estratégias, criando um ciclo de suporte e motivação. Ele queria que cada membro compreendesse que, embora o caminho fosse desafiador, a satisfação e os resultados seriam imensuráveis. Depois de tudo, o sacrifício era necessário — não apenas para conquistar, mas para compreender o verdadeiro valor da prosperidade.

É no ato de abrir mão do acessório que se melhor observa o essencial. A jornada continuava e, para cada leitor, a reflexão era clara: "O que você pode sacrificar hoje para criar um amanhã próspero?" Desenho essa mensagem em sua mente e pergunto: qual será seu próximo passo rumo à realização?

As reflexões sobre sacrifícios permeavam a mente de Carlos, ele começou a entender que cada renúncia feita não apenas transformava uma escolha, mas também moldava o seu futuro. Ele percebia, com clareza, que o ato de sacrificar algo no presente não era uma perda, mas um investimento no amanhã — sem um preço que se pague, não há crescimento.

Certa manhã, enquanto caminhava por uma feira local, viu um jovem artista demonstrando técnicas de pintura em uma lona. A intensidade em seus olhos refletia uma paixão palpável, mas Carlos não pôde deixar de notar o desgaste visível em seus traços. Ele se lembrou da quantidade de horas que o artista teria deixado de lado, trocando festas e interações sociais por um pincel e uma tela. O sacrifício, em seu caso, era evidente: a busca pela maestria e pela expressão.

Nossa vida é repleta de exemplos de sacrifícios. Carlos pensou em sua avó Rosa, que várias vezes vendia suas artesanato para economizar e financiar os estudos de seus filhos. Aquela vida não era cheia de conforto ou regalias, mas ela estava disposta a abrir mão do presente para garantir um futuro melhor para a família. Cada ponto de linha costurado por sua avó era como ela mesmo disse uma "semente de esperança" plantada para germinar ao longo do tempo.

Contudo, sacrificar-se não é uma tarefa simples; envolve dor e escolhas difíceis. Em noites escuras, refletindo sobre suas renúncias, Carlos se perguntava se o caminho escolhido era realmente o certo. Frequentar menos festas e adiar prazeres imediatos poderiam ser pesadas contabilidades na balança da vida. Entretanto, nas convergências desses momentos de solidão, os ecos de realizações futuras começavam a soprar como ventos suaves, lembra-lhe que cada escolha ebuliada pela dúvida o fortificava.

Certa vez, enquanto tomava café com o grupo de apoio em que participava, um jovem chamado Lucas compartilhou sua experiência. Ele havia decidido abrir mão de férias luxuosas para economizar. Ao invés de correr para o litoral com amigos, dedicou aqueles dias ao aprendizado e produção de conteúdo online. Seus esforços não foram desperdiçados: semanas depois, ele havia batido sua primeira marca de vendas. O grupo aplaudiu seus resultados. Ele usou suas perdas momentâneas como escadas para o sucesso, abraçando a seca temporária em troca de uma colheita abundante.

Essa história fez Carlos refletir mais. Sacrifícios não eram apenas sobre a experiência do indivíduo, mas se conectavam com um tecido mais amplo de histórias entrelaçadas, formando a tapeçaria da vida. Ele começou a entender que os sacrifícios de um podem servir como inspiração para muitos. Isso trazia um novo significado para suas escolhas. Era como tocar em uma sinfonia — cada pessoa traz uma nota única e, juntas, criam uma melodia harmoniosa.

E assim, Carlos se viu mais mobilizado. Ao invés de ver seus sacrifícios como fardos, começou a enxergá-los como oportunidades de crescimento. Renunciando ao consumo excessivo, ele não estava apenas abrindo mão de um jantar fora; estava alimentando seu futuro. Agora, ele se perguntava: "O que eu posso sacrificar hoje para colher os frutos amanhã?" Essa pergunta ressoava dentro dele como um eco renovado de vigor e esperança.

A reflexão sobre sacrifícios transforma o ato em um poderoso divisor de águas. Carlos estava aprendendo a aceitar e até mesmo abraçar a ideia de que não há verdadeiro crescimento sem as sementes da renúncia. Ele percebeu que este era o verdadeiro cerne do sacrifício — nunca é só sobre o que se perde, mas sobre o que se ganha em termos de aprendizados e experiências.

Naquele instante, ele decidiu que suas pequenas renúncias, assim como as de Rosa e Lucas, não se tratavam apenas de disposição, mas de uma profunda conexão com seu propósito de vida. Ele se comprometeu a compartilhar essa verdade — de que o sacrifício, embora desafiador, sempre leva a uma frutos que merecem ser celebrados. Cada pessoa tem em si o potencial de transformar sacrifícios em legados, e Carlos estava determinado a fazer isso.

E você? O que está disposto a sacrificar para criar algo verdadeiramente grandioso em sua vida? Quais sementes você está pronto para plantar na terra do amanhã? A colheita de uma vida rica e significativa começa com cada sacrifício feito hoje. A jornada se transforma em um convite à ação — para todos aqueles que buscavam encontrar a sua Terra Prometida.

Capítulo 5: Construindo Aliceres Sólidos

A Importância de Definir Metas Claras

A jornada de qualquer aspirante a uma vida financeira promissora começa com a definição de metas. Esse conceito, frequentemente mencionado, é mais do que uma técnica de gerenciamento de tempo; trata-se do alicerce sobre o qual se edifica o futuro desejado. Carlos, sentado em sua escrivaninha, se lembrou de sua avó, Rosa, e das conversas que tinham sobre o significado de ter propósito. "Se você não sabe para onde vai, qualquer caminho serve", ela costumava dizer, sentenciando a importância de uma direção clara na vida.

Os personagens dessa história precisam de um norte. Definir objetivos deve ser um exercício profundo e transformador. Aqui, introduzimos a ideia dos objetivos de curto, médio e longo prazo. Os curtos são como passos dados em um corredor iluminado, enquanto os de longo prazo representam a visão abrangente que mantém o foco firme, mesmo em momentos sombrios. Carlos rascunhou algumas de suas metas.

Ao revisar o que desejava alcançar, ele percebeu que os objetivos não eram meras palavras no papel; representavam sonhos embutidos nas fibras do seu ser. "Eu quero ser financeiramente independente", escreveu ele com determinação. Ao lado disso, estabeleceu sub-metas que envolviam aprender sobre investimentos e controlar seus gastos. A clareza de sua visão fazia com que cada passo parecesse mais acessível, como preencher os espaços em branco de um quadro primoroso.

Na vida de João, um dos amigos de Carlos, a essência da definição de metas se materializou de maneira emblemática.

Sempre apaixonado por design gráfico, João iniciou um curso, sua meta, a transformação da paixão em profissão. Sem hesitar, ele começou a traçar planos, participar de competições e solicitar feedback de colegas mais experientes. Esse processo não apenas despertou em João um novo impulso, mas também fez com que ele se tornasse uma peça na engrenagem do sonho coletivo de sua comunidade de criativos.

A importância de se cercar de narrativas inspiradoras deve ser exemplificada. Clarice, outra amiga de Carlos, decidiu que a sua vida iria mudar no dia em que assistiu a uma palestra sobre economia criativa. Ela se lembrou, durante a plateia, de como havia negligenciado seu potencial. A partir daquele momento, começou a desenvolver produtos artesanais com recursos sustentáveis, criando um plano para sua pequena empresa. Ao estabelecer metas mensuráveis a curto, médio e longo prazo, Clarice encontrou a força necessária para perseverar.

O que realça a importância de definir metas é o impacto que isso tem na vida de cada um. O que poderia parecer uma simples lista de desejos, quando imbuído de significado, transforma-se em um robusto motor que impulsiona ações. Essa construção é não apenas fundamental, mas uma declaração ousada de quem somos e do que queremos nos tornar. Ao longo do tempo, as metas se convertem em marcos e, a cada conquista, cada pequeno triunfo é celebrado como uma vitória em direção à Terra Prometida.

A jornada de Carlos estava apenas começando, e ele agora entendia profundamente o poder que as metas traziam à sua trajetória. Não eram apenas sonhos distantes, mas convites para um avanço constante. Com cada passo, ele se armava de coragem e determinação, moldando sua história em direção ao futuro.

E você, qual é a história que decidiu escrever a partir de suas metas? O que você está disposto a sacrificar em nome de seus sonhos? Agora é hora de elaborar seu plano e agir com a convicção de que toda grande conquista começa com um passo firme e decidido em direção ao objetivo.

Desenvolvimento de um Plano Financeiro Sólido

Carlos se sentou em sua mesa, cercado por folhas em branco e canetas coloridas, pronto para colocar em prática não apenas suas metas, mas também uma visão mais concreta do que realmente almejava. Um plano financeiro sólido era uma necessidade imperativa, uma ferramenta que transformaria seus sonhos em realidade palpável. "A prosperidade não chega da noite para o dia", pensou ele, "é preciso planejamento, disciplina e, acima de tudo, determinação absoluta."

Ele decidiu dividir seu plano em três pilares essenciais: orçamento, poupança e investimento. O primeiro pilar, o orçamento, surgiu como a espinha dorsal de suas finanças. Abriu uma planilha no computador e, com dedicação quase artesanal, começou a listar todas as suas entradas e saídas. Carlos rapidamente percebeu que, apesar do salário, estava surpreendentemente comedido nos gastos diários. Não se tratava apenas de números, mas de uma sinceridade consigo mesmo. "O que eu realmente preciso? O que eu quero?".

Inspirado pelas histórias de outros, Carlos não hesitou em colocar exemplos práticos. Lembrou-se de Clara, a mãe solteira do seu bairro, que, após cortar gastos desnecessários, conseguiu poupar uma quantia que antes parecia inalcançável. Assim que ela fez o primeiro depósito em sua conta de poupança, disse que sentiu uma liberdade só ao pensar que aquele dinheiro era exclusivamente dela. Essa sensação de controle, de poder, sempre a motivou a seguir economizando.

Mas não bastava apenas cortar gastos e listar despesas. Carlos queria ser intencional sobre sua poupança. Ele estabeleceu uma porcentagem do seu salário que seria depositada mensalmente. "Vagner fazia isso todos os meses," recordou Carlos, "e, quando menos percebeu, tinha acumulado o suficiente para uma viagem dos sonhos." Com cada depósito, Carlos se sentia um pouco mais próximo da realização não apenas dos seus desejos, mas da segurança que sentia ao ter um plano.

Por último, mas não menos importante, veio o pilar dos investimentos. Carlos sabia que, para que o seu dinheiro trabalhasse por ele, precisava investi-lo em ativos que o fizessem crescer. Abriu livros, assistiu a vídeos e, lentamente, começou a entender as nuances do mercado financeiro. Ele estabeleceu conexões com pessoas que já tinham percorremos essa jornada. Um mentor, Ana, especialmente, se destacou. Ela tinha feito um excelente uso de seus investimentos e se tornara um exemplo vivo do sucesso engajado em cima da disciplina e do aprendizado contínuo.

Sentindo-se mais confiante, Carlos decidiu aplicar uma pequena quantia em ações. Em cada transação, ele não buscava somente lucro, mas o aprendizado que poderia extrair da experiência. A cada oscilação do mercado, seu coração batia mais forte, mas, ao imprimir a calma que tinha aprendido durante o desenvolvimento de seu plano, tudo fazia sentido. Ele não estava apenas jogando dinheiro; estava cultivando um futuro próspero, passo a passo.

Os dias passaram e, assim como as sementes precisam do tempo para brotar, Carlos começou a perceber o crescimento de sua mentalidade financeira. Mais do que um plano, tornou-se uma alva focada cm uma expectativa vibrante para o futuro. Ao medir suas conquistas em comparação ao que ele havia sonhado, o rosto ganhou um sorriso satisfeito; as pequenas vitórias o incentivavam a prosseguir firme.

Agora, com um orçamento definido, uma poupança crescendo e o conhecimento gerado pelos investimentos, Carlos se sentia em posição de enfrentar o mundo. Ele estava pronto para compartilhar seu plano com seu grupo de apoio. O crescimento de cada um era interconectado, um ciclo positivo de mudanças e aprendizado que estava em movimento. Para Carlos, o caminho da prosperidade estava cada vez mais claro, e a construção de um alicerce sólido, por fim, se tornava visível.

Os leitores são convidados a se questionarem: como estão estruturando seus próprios planos financeiros? Quais passos eles estão prontos para dar em direção a seus sonhos? A resposta a essas perguntas, assim como a jornada em si, terá as suas nuances próprias, mas o esforço e o investimento em si mesmos são sempre os primeiríssimos passos. O futuro está em suas mãos.

O papel da disciplina na construção de alicerces é um tema que merece destaque na trajetória de qualquer pessoa que busca a construção de um futuro sólido. Carlos, em sua jornada, começou a entender que a disciplina é muito mais do que apenas um conceito; é uma força motriz que garante que as metas sejam cumpridas e que o sonho, por mais audacioso que seja, seja alcançado.

Após definir suas metas e elaborar um plano financeiro, Carlos ponderava sobre o que significaria manter a disciplina diária. Ele se viu em um dilema: seguir suas antigas práticas de procrastinação ou adotar um novo comportamento que exigia sacrificar algumas de suas comodidades. As escolhas se tornaram palpáveis. Lembrava-se de histórias de pessoas ao seu redor que tinham, de fato, obras construídas não só em grandes visões, mas também na habilidade de manter o foco, mesmo nas adversidades.

Os personagens que Carlos observou e que o inspiraram eram o exemplo do impacto da disciplina em suas vidas. Havia João, que todos os dias acordava antes do amanhecer para estudar e desenvolver suas habilidades de design gráfico, e Clara, que se esforçava para equilibrar seu dia entre os estudos e o cuidado dos filhos, sempre se dedicando ao seu futuro bem-sucedido.

"É essa constância", pensou Carlos, "que erige os alicerces de um verdadeiro legado." Ele percebeu que a disciplina se manifestava em diversas formas — nos pequenos atos diários, no cumprimento de horários, e até mesmo na forma como ruminava suas relações e compromissos. Lidar com a disciplina significava aprender a dizer não para os prazeres instantâneos e, muitas vezes, banalizar oportunidades de crescimento.

Naquelas manhãs, ao acordar, Carlos optava por ritualizar seus dias. Criou uma lista de ações matinais que incluíam meditação e revisitação de suas metas. Isso não apenas o alinhou com seus objetivos, mas o formatou a perceber o quanto poderia produzir em um espaço de tempo que antes fracassava em entreter a ideia de organização. Assim, um novo padrão de motivação se estabelecia, provando que a disciplina é uma habilidade que, quando sacudida de maneira intencional, transforma perfis de vida.

No grupo de apoio que montou, seus amigos também começaram a compartilhar suas experiências de disciplina. Lucas falava sobre como se comprometia, sete dias por semana, a manter um diário financeiro onde registrava cada centavo gasto. E assim, ele não apenas responsabilizava a si mesmo, mas influenciava outros a se tornarem mais atentos aos seus hábitos.

Através desses relatos, Carlos estabeleceu uma conexão inestimável entre o sacrifício e a sólidos fundações do presente. Ele desenhou uma lista de sacrifícios já feitos e aqueles que estavam por vir, sendo cada um um passo em direção à disciplina que erguia os pilares de seu sonho. Quebrar esse ciclo de autossabotagem se tornou, portanto, uma questão de exercício diário. Com isso, o conceito de disciplina se desdobrava como um um amigo constante que dialogava com suas ambições e que se habilitava a garantir que, mesmo diante de lutas, o caminho era viável e promissor.

Disciplina é como um atleta que treina incansavelmente, mesmo em dias frios, e é através deste contínuo e persistente esforço que os resultados surgem. E Carlos fez disso sua filosofia: "Cada pequeno esforço me aproxima da Terra Prometida." Esta jornada se desenrola em pequenas vitórias e na celebração de cada novo passo dado. Enquanto todos enfrentamos a tentação de ignorar as obrigações diárias, Carlos sabia que construir seus alicerces levaria sua vida a um novo patamar.

Entre conversas e troca de experiências, fica claro que a jornada entre sacrifícios, disciplina e realização é constante. A força que reside num pequeno compromisso diário demonstradamente molda não apenas a trajetória financeira, mas também a identidade de cada um. Sem disciplina, a estrada se torna íngreme e repleta de desvio. Assim, sua mensagem permeava:

Determinação e disciplina andam de mãos dadas — e em cada passo, a construção dos alicerces de um futuro promissor se solidificava.

Essa jornada não termina aqui, e a cada página carrega a promessa do que está por vir, nos lembrando que, para todos, a transformação é possível — basta estar disposto a agir e se empurrar para além dos limites. A Terra Prometida está mais próxima do que se imagina, e haverá sempre mais a ser construído ao longo do caminho.

E você, como oferece espaço para a disciplina em sua vida? Que mudanças diárias está disposto a implementar para transformar seus sonhos em realidade? A resposta está em cada escolha que faz, em cada passo que decide conduzir.

Mantendo a motivação e o foco ao longo do caminho, Carlos respirava fundo, absorvendo a atmosfera vibrante que o cercava. Ele sabia que a jornada em direção à sua Terra Prometida não seria feita apenas de conquistas. Desafios estariam por vir, mas cada um deles oferecia a oportunidade de se aprimorar e aprender. Naquele instante, enquanto refletia, ficou claro que a motivação precisa ser alimentada diariamente. "Como posso me manter focado?", lançou-se a pergunta.

Uma técnica que Carlos encontrou foi a visualização. Ele passou a reservar alguns minutos ao acordar e antes de dormir para imaginar sua vida conforme desejava que fosse. Com as imagens vívidas em sua mente, ele se sentia transportado para um futuro onde todas as metas foram alcançadas, onde a independência financeira não era apenas uma aspiração, mas uma realidade vivida. Via cada detalhe: a tranquilidade ao lidar com as finanças, a casa confortável e o sorriso de satisfação em seu rosto e de sua família. Aquela visualização se tornou um exercício diário que fortalecia sua determinação.

Mas Carlos também explorava mecanismos de autoafirmação. Frases poderosas surgiam em sua mente, como chaves que abriam portas para novos horizontes. "Sou capaz", "minhas ações constrõem meu futuro", "a cada sacrifício, estou um passo mais próximo do meu sonho". Repeti-las em voz alta constantemente não só solidificava sua crença em si mesmo, mas também cultivava um otimismo contagiante que ressoava na atmosfera ao seu redor. Essas afirmações se tornaram como um mantra diário que o afastava da dúvida e medo, abrindo espaço apenas para a coragem.

No entanto, ele sabia que não caminhava solitário nesse percurso. A comunidade e o apoio mútuo se revelaram insubstituíveis. O grupo de apoio que havia montado se tornou um verdadeiro campo fértil de encorajamento e inspiração. Reuniam-se semanalmente para trocar experiências, refletir sobre os desafios enfrentados e celebrar as pequenas conquistas. Cada reunião era como uma dose de combustível que carregava seus espíritos.

Lucas, um dos participantes, contava sempre sobre as dificuldades que tinha em manter o foco, mas Carlos o incentivava a se recordar das vitórias. "Legal, hoje você saiu da zona de conforto ao falar com um cliente difícil! Isso já é uma conquista". Com isso, não só criavam um laço de amizade, mas também um ambiente propício ao compartilhamento das dificuldades e vitórias.

Clara, por sua vez, introduziu uma dinâmica mensal — a "Noite da Vitória". Nesses encontros, todos deveriam trazer algo do que se orgulhassem e compartilhar. A atmosfera tornava-se eletrizante, contagiante; um ciclo de energia positiva girava entre todos, impulsionando suas motivações. Mesmo os desafios mais duros eram discutidos, mas sempre voltavam os relatos de superação. Cada um levava consigo a sementinha do otimismo plantada por um ou outro, e assim cresciam juntos.

Carlos começou a entender que manter a motivação era como regar um jardim — exigia atenção e carinho. Ele implementou um sistema de recompensas pessoais: após dias produtivos ou conquistas, punha-se uma recompensa, como um filme que queria ver ou um jantar em um lugar especial. Essa abordagem transformou seus esforços em prazer, onde cada passo dado se tornava significativo.

E assim, como em um ciclo de ações, Carlos percebeu que o foco era um exercício diário, uma prática que prenunciava a prosperidade. Cada confiança alimentada, cada encontro de apoio e cada visualização clara construíam novas raízes para sua jornada. Ele se sentia confiante e preparado para fortalecer não só seu próprio futuro, mas também o futuro de todos ao seu redor. "A verdadeira vitória", refletia ele, "é capaz de contagiar corações, construir laços e gerar frutos para todos!".

A jornada de Carlos o trouxe a um ponto de reflexão. Era um convite para cada leitor enxergar que a motivação e o foco são sementes valiosas a serem cultivadas. "Quais práticas você pode instaurar em sua vida para fortalecer a caminhada até sua própria Terra Prometida? O que você fará a partir de hoje para assegurar que o entusiasmo nunca esmoreça em sua trajetória?" Essas perguntas ecoavam em seu ser, relembrando que cada um de nós possui o poder e a escolha de manter a chama da motivação acesa, por menores que sejam os passos dados no caminho.

Enquanto o capítulo se encerrava, Carlos se mantinha firme diante da imensidão à sua frente. Sabia, como cada um que opta por trilhar um caminho de transformação, que o percurso era repleto de ensinamentos e surpresas, e que manter a motivação e a perseverança trayente era essencial para o sucesso duradouro. As sementes plantadas hoje dariam frutos incríveis amanhã, e ele estava pronto para cultivar sua jornada — e de todos a sua volta.

Capítulo 6: A Arte da Poupança

Compreendendo a Poupança

O conceito de poupança é um dos pilares que sustenta a construção de um futuro financeiro sólido. A vida moderna, com suas incessantes tentações e distrações, muitas vezes faz com que sejamos guiados pelo imediatismo. Contudo, ao largo desse caminho turbulento, existe um oásis chamado poupança, onde a disciplina e o planejamento se entrelaçam, formando um refúgio seguro para os nossos sonhos.

Carlos refletia sobre isso enquanto observava seus colegas de trabalho, absorvidos em suas jornadas diárias. Ele não era exceção, é claro, e frequentemente se deixava levar pela onda de consumismo que permeava sua rotina. Mas, em um momento de clareza, compreendeu que a verdadeira liberdade financeira não se encontrava na quantidade de produtos adquiridos, mas sim na capacidade de reservar uma parte de seus ganhos para investimentos futuros. "Pequenos hábitos diários podem levar a grandes economias", pensava ele.

E a história de Eliane, uma amiga de Carlos, exemplificava isso perfeitamente. Colocando o hábito de poupança em prática, Eliane começou a economizar pequenas quantias de dinheiro toda semana, depositando tudo em uma conta poupança. "Não parece muito agora", disse ela a Carlos certa vez, "mas quando comecei a ver o saldo crescer, fiquei impressionada. Era como cultivar uma planta; quanto mais regava, mais florescia."

As conversas com Eliane sempre enchiam Carlos de inspiração. Ela tinha um método prático: ao fazer compras, sempre escolhia a opção que não só atendia suas necessidades imediatas, mas também a ajudava a evitar gastos desnecessários. Essa necessidade de controlar a própria narrativa financeira foi um aprendizado fundamental para Carlos. Ao longo do tempo, ele começou a seguir o mesmo caminho, ajustando seus hábitos ao novo paradigma que sua amiga havia lhe mostrado.

A disciplina na poupança, no entanto, não era apenas um esforço individual; era uma prática que ressoava com sua rede de apoio. Grupo de amigos de Carlos decidiu participar de um desafio de poupança, uma forma de motivar uns aos outros. Cada um se comprometeu a destinar uma porcentagem de seus rendimentos mensais a um fundo coletivo. Essa iniciativa não só reforçou seus laços de amizade, mas incentivou uma série de diálogos sobre finanças pessoais.

Nas reuniões semanais, riam e compartilhavam dicas sobre como poupar mais, como aproveitar promoções e definir limites de gastos. Carla, sempre engraçada, fazia uma piada ao comparar suas economias a um jogo de videogame: "Toda vez que consigo evitar um gasto desnecessário, acabo no modo 'super saudável'!" A camaradagem que florescia naquele grupo era palpável, uma energia renovadora que dava a cada um deles a força necessária para enfrentar a luta contra o consumismo.

Com o passar dos meses, Carlos e seus amigos começaram a ver o impacto direto de suas decisões financeiras. Suas contas poupança cresceram não apenas em números, mas em valor simbólico. Cada centavo economizado representava um passo em direção aos sonhos que antes pareciam distantes demais. Eram os pequenos sacrifícios do dia-a-dia, como abrir mão de um jantar fora ou cancelar aquela assinatura de streaming que não utilizavam, que agora se transformavam em grandes conquistas. "Estamos construindo a nossa Terra Prometida, um pedaço de cada vez", refletiu Carlos em uma de suas conversas.

Seu entendimento sobre poupança foi além do mero aspecto financeiro. Ele começou a associar o ato de poupar com a criação de possibilidades. Para Carlos, cada real guardado não era apenas um número em uma conta; significava a oportunidade de realizar uma viagem dos sonhos, investir em um curso que sempre desejou ou garantir um futuro mais tranquilo para sua família.

E assim, a arte da poupança se revelava na vida de Carlos e em sua rede de apoio, mostrando que, com consciência e disciplina, era possível transformar pequenos atos em grandes realizações. Poupança não era um fardo, mas uma jornada gratificante — uma ferramenta poderosa que possibilitava a realização de futuros sonhados e uma vida com mais liberdade.

E agora, fica a pergunta: como você pode incorporar a arte da poupança em sua vida? Quais hábitos pode cultivar diariamente para garantir um futuro mais seguro e próspero? Porque, lembre-se, cada pequena economia é um passo mais próximo da sua própria Terra Prometida.

Criar um orçamento eficaz é um passo fundamental na jornada financeira de qualquer pessoa. Enquanto Carlos se aprofundava em suas finanças, ele decidiu que era hora de elaborar um plano que o ajudasse a controlar melhor seus gastos e, consequentemente, a poupança. Ele se sentou em sua escrivaninha, pegou um caderno e uma caneta e começou a descrever como seria o seu orçamento ideal.

"Primeiro, preciso identificar minhas despesas fixas. O aluguel, a conta de luz, a internet... são gastos que não posso evitar", ele murmurou, organizando as ideias. Enquanto escrevia, lembrou-se de uma conversa que teve com seu amigo Lucas, que sempre se preocupou em manter o controle de suas possíveis despesas. "Olha, Carlos, dividir as despesas em grupos ajuda a visualizar melhor onde você pode cortar gastos e onde precisa investir", o amigo costumava dizer com entusiasmo.

Com isso em mente, Carlos começou a separar suas despesas em duas categorias: fixas e variáveis. Ele sabia que as variáveis incluíam gastos com alimentação, lazer e transporte — itens que poderiam ser ajustados de acordo com suas vontades e necessidades. "Se eu economizar um pouco em cada item alocado, posso direcionar uma quantia maior para a poupança", pensou, animado.

A criação da planilha foi um processo revelador. Para facilitar, Carlos utilizou cores diferentes: vermelho para as despesas que eram difíceis de evitar e verde para aquelas onde poderia encontrar economia. Ele se lembrou da abordagem de sua amiga Clarice, que sempre dizia: "O segredo é saber onde está o dinheiro e como usá-lo com sabedoria." Reunindo tudo isso, Carlos começou a ajustar suas despesas e, para cada categoria, estabelecia um parâmetro máximo de gastos. Assim, reforçava o compromisso de não ultrapassar esses limites.

Sentindo-se capacitado, ele começou a discutir com seus amigos as estratégias que desenvolveu para gerenciar suas finanças, criando um amplo debate sobre a importância de manter um balanço saudável entre gastos e economias. "João, como você gerencia seu orçamento?" Carlos perguntou em uma das reuniões habituais do grupo. O amigo respondeu, "Bem, costumo registrar tudo em um aplicativo; dessa forma, é mais fácil visualizar o que eu realmente preciso comprar e o que pode esperar."

Os diálogos se tornaram mais ricos e provocadores. Clara compartilhou uma dica interessante: "Eu sempre analiso as promoções do mercado e planejo minhas compras de acordo. Às vezes, gastar um tempinho pesquisando me faz economizar no final do mês." Carlos percebeu que a troca de informações era essencial, não apenas para aprender novas estratégias, mas também para se sentir parte de uma comunidade que buscava crescimento pessoal.

Com essas discussões, Calros decidiu adotar essa abordagem colaborativa e começou a realizar reuniões mensais com o grupo, onde cada um compartilhava suas experiências e as técnicas que estavam utilizando. Criaram até um "quadro de vitórias", onde todos podiam colocar suas metas atingidas, por mais pequenas que fossem. Ao ver cada conquista, a sensação de pertencimento e motivação crescia.

Esses intercâmbios de conhecimento se mostravam enriquecedores e, com a prática evoluindo, Carlos notou uma mudança real em sua vida financeira. Não se tratava apenas de contar moedas, mas sim de construir uma relação mais clara e saudável com dinheiro. Aprendeu a priorizar suas necessidades, a evitar compras impulsivas e a cultivar a paciência no processo de construção de sua própria riqueza. "Ainda tenho muito a aprender, mas estou no caminho certo", exclamou ele certo dia em uma das reuniões, visivelmente feliz com seu progresso.

Ao refletir sobre toda essa jornada, fica claro que a criação de um orçamento eficaz não é apenas uma tarefa financeira — é um convite ao autoconhecimento e uma oportunidade de se conectar com outros que compartilham aspirações e desafios. Isso não só reafirma a vida que se almeja, mas também fortalece laços com aqueles ao redor que estão igualmente comprometidos em alcançar suas Terras Prometidas.

E você, já parou para pensar como está gerenciando o seu orçamento? Que passos está disposto a dar para tornar suas finanças mais saudáveis e focadas na realização dos seus sonhos? O que não cessa a disposição de alcançar os objetivos, que podem parecer distantes, mas, como Carlos aprendeu, estão a um passo de cada dia.

A Psicologia da Poupança

Carlos olhava pela janela enquanto o sol se punha, tingindo o céu de laranja, e se perguntava como a psicologia da poupança poderia influenciar cada um de seus passos financeiros. Ele sabia que a maneira como pensava sobre dinheiro e consumo formava as bases de suas decisões. As recompensas instantâneas, os impulsos do dia a dia e as emoções surgiam como armadilhas sutis. Por mais que estivesse empenhado em poupar, havia momentos em que a felicidade efêmera de uma compra fazia seu coração acelerar.

Foi em uma conversa com Eliane que os desafios psicológicos se tornaram claros para Carlos. Durante um café da manhã, ela compartilhou: "Sabe, muitas vezes eu me pego comprando algo só para aliviar o estresse. É como se aquele vestido novo me abraçasse e dissesse que tudo ficaria bem. Mas no dia seguinte, a sensação some e fico com o peso da fatura." A batalha entre gratificação instantânea e a certeza de um futuro financeiro seguro era uma guerra a qual muitos, como eles, estavam subordinados.

Carlos se lembrou de que a primeira vez em que se sentiu avassalado por uma compra impulsiva foi ao adquirir um gadget caríssimo. "Aquilo te faz feliz, não faz?", indagou João com um meio sorriso provocador. Carlos hesitou. "Faz um tempo, naturalmente. Mas agora, vejo que poderia ter aplicado o valor em algo mais significativo." O simples ato de refletir sobre as escolhas financeiras era um primeiro passo seguro para a autoconsciência, um caminho oculto que ele ansiava explorar. Os ciclos de consumo emocional se revelavam desgastantes e, aos poucos, ele começou a notar seus próprios padrões.

Desvendar a psicologia por trás da poupança era delicado, quase como costurar um tecido fino. Um dos amigos de Carlos, Lucas, que sempre se mostrava calmo e centrado, revelou uma abordagem inovadora. "Criei uma regra que chamo de '24 horas de reflexão'. Antes de qualquer compra, dou um tempo para pensar. Se realmente precisar, volto e compro. Se não for essencial, sigo em frente." Essa linha de pensamento ressoou em Carlos como um sino, abrindo uma nova percepção sobre controle emocional.

Assim, Carlos fez um pacto consigo mesmo: os próximos dias seriam de experimentação. Ele iria marcar em sua agenda os momentos em que tivesse a vontade de comprar algo que não era essencial. Durante a experiência, começou a anotar como se sentia e quais emoções surgiam ao resistir. A primeira semana foi cheia de tentações, mas cada vez que ignorava um impulso, uma nota de satisfação surgia em seu coração. Era como uma nova faixa na trilha sonora de sua vida financeira — uma canção que tocava a perseverança.

Foi durante um desses momentos de reflexão que encontrou uma metáfora poderosa. Ele começou a visualizar o dinheiro como sementes. Se gastasse sem pensar, suas sementes não poderiam germinar. "Se plantar sementes de gratificação instantânea", pensou, "não haveria frutos para o futuro." Essa imagem permanecia clara em sua mente, e conforme os dias passavam, Carlos se tornou mais habilidoso em distinguir entre o que realmente desejava e o que ele achava que desejava para se sentir bem momentaneamente.

As conversas que tinha com seus amigos se tornaram mais profundas. No próximo encontro, ele instigou o debate sobre as emoções atreladas ao consumo. "Alguém aqui já parou para pensar o quanto a gratificação instantânea interfere nossa capacidade de poupar?", questionou ele. Luciana, com uma risada irônica, disse: "É mais difícil do que parece. Até mesmo ir ao mercado se torna uma competição interna!" As revelações viraram um terreno fértil para a discussão e levaram todos a refletirem sobre suas decisões, consolidando a visão coletiva de que um foco claro na poupança e na disciplina poderia ser desenvolvido.

Enquanto a jornada seguiu, Carlos palpava as sutis mudanças em sua psique. Mente e coração agora trabalhavam juntos para criar um novo propósito ao invés de um relacionamento tumultuado com o dinheiro. Ele notou que cada pequena vitória o aproximava da realização final de seus sonhos. As interações entre os membros do grupo criaram um espaço seguro para compartilhar vulnerabilidades — um reflexo da luta coletiva que todos enfrentavam ao tentarem abraçar um futuro financeiro mais saudável.

Assim, Carlos se perguntava o que estava acontecendo dentro dele a cada nova conversa. Ele percebeu que a responsabilidade financeira não era uma carga, mas uma redescoberta, uma virada emocional que provocava engajamento e reflexão. Não se tratava apenas de economizar, mas de adotar uma mentalidade de abundância, focada em longo prazo.

Com essa nova abordagem, sua vida financeira começou a assumir contornos mais significativos. As emoções que antes comandavam suas compras agora estavam sob seu controle consciente. Fortalecer a autoconfiança se tornara um desafio gratificante e provocador, como uma montanha-russa de emoções que prometia um futuro radiante, localizado em sua própria Terra Prometida.

E diante dessas descobertas, ele não pôde deixar de refletir: quais hábitos estão moldando sua vida financeira? O que você está disposto a transformar para ressurgir das cinzas do consumismo e se permitir florescer em um novo propósito? A mensagem final ressoava em seus pensamentos, uma escolha pela liberdade que começou com a autoconsciência.

As a jornada de Carlos e seus amigos prosseguia, a ideia de definir metas de poupança ganhava uma nova dimensão. E, como um maestro à frente de uma orquestra, ele estava prestes a iniciar uma sinfonia de desafios em direção ao objetivo comum de poupança que todos estavam comprometidos a realizar. Naquela tarde ensolarada, sentados ao redor de uma mesa de café, o grupo decidiu lançar um desafio de poupança que prometia não apenas resultados financeiros, mas também a aproximação entre eles.

"Vamos fazer algo diferente este mês", sugeriu Clarice, os olhos brilhando com a empolgação do que poderia vir. "Um desafio de poupança! A meta é simples: cada um de nós deve escolher uma quantia que se compromete a economizar. E no final do mês, nos reunimos para compartilhar nossas experiências e resultados."

Carlos lembrou-se da última reunião, onde muito se discutiu sobre a importância de se apoiar mutuamente nas jornadas pessoais. "Isso é genial! Quanto mais incentivados estivermos, mais chances temos de sucesso", disse ele, animado. João, sempre com seu jeito prático, acrescentou: "E podemos também fazer uma competição amigável. Assim, vai ser ainda mais motivador!"

As risadas ecoaram ao redor da mesa, e a energia pulsante fazia com que todos se sentissem mais conectados e determinados. Com isso, o plano começou a ganhar formato. Cada um iria escolher uma quantia que representasse uma verdadeira meta de poupança, estabelecendo um compromisso consigo mesmo e com os demais.

Naqueles próximos dias, a vida seguiu seu curso, mas a mente de Carlos estava cada vez mais focada em sua meta. Ele se recordou das várias vezes que, por impulso, deixara de lado suas promessas em prol de sacrifícios uma vez feitos. Agora, havia um propósito claro: suas economias não seriam apenas números em um extrato bancário, mas um passo significativo em direção aos seus sonhos, um reflexo do próprio esforço e disciplina.

O grupo começou a se incentivar, compartilhando dicas para resistir a tentações. Clara mencionou que ao invés de gastar em cafés fora, estava fazendo seu próprio café em casa. Todos riram e fizeram piadas sobre a nova "barista" da casa. Mas o que começou como uma piada se transformou em uma maneira eficaz de cada um contornar os gastos desnecessários.

Ao longo do mês, os encontros se tornaram cada vez mais animados. Eles dividiam não apenas suas experiências sobre a poupança, mas também suas pequenas alegrias ao ver os saldos subirem. Em cada reunião, celebravam as pequenas conquistas: um jantar cozinhado em casa, uma ida ao parque em vez de um shopping. Cada passo era uma vitória coletiva.

Na reunião final do desafio, o clima estava repleto de entusiasmo. Carlos mal podia conter a ansiedade. Ele sabia que a pesquisa de satisfação pessoal do mês refletia uma experiência do grupo unificada, onde cada retrato de superação individual e coletiva era como uma moeda na jarra da felicidade.

"Prontos para compartilhar nossas vitórias?", perguntou Carlos, as mãos trêmulas de antecipação. Cada um apresentou sua história, como resistiram às tentações, como alteraram suas rotinas, e cada um pôde ver as mudanças que essas decisões lhes trouxeram, tanto no saldo bancário quanto na confiança e camaradagem entre eles.

Quando chegou a vez de Carlos, um sorriso largo se formou em seu rosto. "Eu consegui poupar não só a meta que estabeleci, mas um pouco mais! E o melhor, não se tratou apenas de ter as economias, mas sim do aprendizado. Cada passo nessa jornada se tornou um alicerce mais forte para os meus sonhos."

Os aplausos ecoaram e brindes foram feitos à jornada de cada um. A sensação de realização colectiva tomou conta do ambiente, preenchendo o espaço com novos laços de amizade e apoio. "São passos que nos aproximam da nossa Terra Prometida, um dia de cada vez", refletiu ngtodpod porque o entusiasmo ornava aquele momento.

E assim, a prática de estabelecer metas de poupança e os desafios foram muito além das economias — elas geraram um ciclo virtuoso de apoio emocional e responsabilidade, uma verdadeira festa do encorajamento. Agora, cada um deles sabia que a jornada de poupança era não apenas um caminho solitário, mas uma jornada repleta de companheiros que caminhavam na mesma direção, aspirando a uma vida mais abundante e repleta de realizações.

Assim, a jornada de Carlos e seus amigos continuou, agora fortalecida por novos desafios e novas conquistas, dando a cada um deles um vislumbre do futuro promissor que os aguardava. Que tal você, como pode iniciar sua própria jornada e quais metas de poupança você pode estabelecer para alcançar sua própria Terra Prometida? É hora de se empoderar e dar passos decisivos rumo ao que deseja conquistar, sempre lembrando que a jornada é feita de pequenas vitórias.

Capítulo 7: Investindo no Futuro

Investir no futuro é como plantar sementes em um solo fértil. Enquanto a poupança é a água que nutre e sustenta essas sementes, o investimento é o sol que as faz florescer. Era um conceito que Carlos começava a entender cada vez mais profundamente, pelas histórias que seus amigos compartilhavam em encontros cada vez mais frequentes. Ele percebeu que, após construir uma base sólida de hábitos financeiros, o próximo passo em sua jornada era aprender a multiplicar seu patrimônio.

Sábado após sábado, o grupo se reunia, e cada um compartilhava suas descobertas. Joaquim, que sempre se mostrou entusiasta do mercado financeiro, começava a introduzir os amigos ao fascinante — e muitas vezes intimidante — mundo dos investimentos. "Pensem nos investimentos como uma maneira de fazer seu dinheiro trabalhar para vocês. É como se lançássemos um barco ao mar e deixássemos as correntes levar." Analisando cada resposta dos outros ouvintes, Joaquim continuou, "Mas, para que isso funcione, devemos entender os diferentes tipos de investimentos e o que elas podem fazer por nós."

Então, Joaquim apresentou as opções disponíveis. Ações, renda fixa, imóveis — cada um com suas propriedades e riscos. "Investir em ações é como andar de montanha-russa. Se você se segurar firme e estiver preparado para a oscilação, a recompensa pode ser incrível", comparou ele, logo divertindo todos com a imagem de si mesmo, grudado, fantasiando ser um herói de aventura em busca de tesouros financeiros.

Carlos prestava atenção, absorvendo cada palavra, mas também escrevendo em seu caderno, seguindo as orientações dos outros em sua jornada de educação financeira. Era gratificante fazer parte de um grupo que não só falava sobre dinheiro, mas também transformava sonhos em metas palpáveis. "Comprar um imóvel, por exemplo, é um investimento de longo prazo, algo que pode proporcionar segurança e renda passiva se você decidir alugar. A chave é entender seu próprio perfil de investidor e o que procura em cada oportunidade".

Ao longo da conversa, ficou claro que um dos pontos fundamentais a ser considerado ao investir era o poder do tempo. Ana, sua amiga que sempre teve uma mentalidade pragmática, lembrou a todos sobre a importância dos juros compostos, o que deixou Carlos intrigado. "É simples, mas poderoso. Quanto mais cedo você começar a investir, mais você irá acumular ao longo do tempo", disse ela, com a sabedoria que só alguém que já fez algumas escolhas acertadas poderia ter.

Sentindo a ansiedade e a excitação misturadas em seu coração, Carlos decidiu que era hora de agir. Ele começou a pesquisar mais sobre investimentos, descobrir como abrir uma conta em uma corretora, e o que era necessário para dar o primeiro passo. E assim, as expectativas aumentaram. Os encontros não eram meras conversas sobre números; eram intercâmbios vibrantes de possibilidades.

O grupo decidiu que era hora de dar um passo ainda mais ousado. "Por que não formarmos um clube de investimentos?", sugeriu Joaquim, com a paixão característica. "Assim, poderemos compartilhar dicas e ideias, estudar juntos e investir coletivamente." Essa combinação de apoio mútuo, aprendizado e possibilidade de crescimento gerava um combustível criativo e solidário nas mentes de cada um deles.

E assim, o clube começou a tomar forma. Nos encontros, cada membro traria uma ideia de investimento, uma análise, ou um novo aprendizado. A primeira reunião do clube foi marcada, e a energia de expectativa era palpável. "Isto é apenas o começo", Carlos pensou, enquanto imaginava seu futuro.

Implementar esses novos conhecimento estava além de falar sobre finanças; era um convite para adotar uma nova mentalidade em relação a dinheiro. Desde então, as conversas começaram a se aprofundar — como cada um deles poderia utilizar as cartas nas mãos em vez de deixar seu destino à sorte.

Durante essas semanas, Carlos estava verdadeiramente animado por perceber que aprender sobre investimento significava também perceber que ele era o protagonista de sua história financeira. Cheia de sonhos, inseguranças, mas também dualismos a serem superados; cada conhecimento adquirido conduzia a um novo desafio. Entre se perguntar a que tipo de investidor pertencia e quais passos precisava dar, uma nova perspectiva estava se desenhando.

Logicamente, sempre permeava a famosa frase: "Quem não arrisca, não petisca." Nesse sentido, os encontros do clube começaram a ser como um ciclo de aprendizado e evolução, onde cada clique na internet, cada livro lido, cada mudança no portfólio se tornava uma nova semente a ser plantada para um futuro próspero.

Com esse envolvimento prático, Carlos se sentia, mais do que nunca, um protagonista conduzia seu barco pelas águas, absorvendo cada gota de conhecimento, desafiando-se e expandindo suas próprias fronteiras. "E assim como esta vida é uma jornada, estou pronto para bronzeá-la com a luz do futuro, ao lado dos meus amigos. E juntos, vamos nos aproximar da nossa Terra Prometida", ele concluiu em seus pensamentos.

Diante de tudo isso, ele se questionou: quais passos você, caro leitor, está disposto a dar hoje para começar a construir o seu futuro financeiro? Que aprendizados pode incorporar em sua jornada e como pode realizar com essa nova vontades? Prepare-se, pois o investimento não termina aqui — o investimento é o sol que brilha sobre o oásis da abundância que você está prestes a descobrir.

Com o sol se pondo lentamente no horizonte, Carlos sentou-se à mesa com seus amigos; o clima de camaradagem tornava-se ainda mais palpável. Era hora de falar sobre o que viria em seguida: suas discussões não estavam mais restritas às economias; agora, as sementes estavam sendo lançadas no solo fértil dos investimentos. Ele sentia que aquele era um ponto de virada, uma oportunidade para expandir seu conhecimento e suas ambições financeiras.

"Hoje, quero falar sobre a importância dos investimentos na construção de um futuro que possamos realmente abraçar", começou Joaquim, com suas mãos gesticulando de forma empolgada. "Vamos deixar de lado as economias e falaremos sobre como fazer o dinheiro trabalhar para nós."

Carlos escutava atentamente, lembrando-se de tudo o que havia aprendido sobre o valor da disciplina financeira. Ponderou sobre como havia poupado e se sentia pronto para o próximo passo. Mas Joaquim precisava que todos entrassem na conversa. "Investir não é apenas multiplicar dinheiro; é entender riscos e oportunidades. Existem diferentes tipos de investimentos, e cada um deles tem seus prós e contras."

Com a animação típica do grupo, Ana interveio. "É tudo uma questão de perfil de investidor. Alguns de nós preferimos a segurança de um futebolzinho no campo em vez de escalar uma montanha-russa. Renda fixa ou ações: cada escolha precisa refletir o que você quer para o seu futuro!" Eles começaram a discutir sobre renda fixa, onde um capital maior se traduziria em um rendimento estável, em oposição ao investimento em ações, emocionante e arriscado como uma corrida desenfreada.

Carlos lembrou-se das palavras de Eliane, que frequentemente dizia que "um investidor deve ser como um agricultor — é preciso plantar com paciência para colher fruto cedo ou tarde." Ele viu a relevância dessa analogia. Cada investimento era uma oportunidade de plantar algo que poderia florescer, desde que as condições fossem adequadas. A disciplina e o tempo eram aliados poderosos nesse processo.

No calor da conversa, surgiu a questão dos juros compostos. Ana, com seu jeito encantador, explicou: "Ah, a mágica dos juros compostos! Isso é como a história da formiga e da cigarra. Se a formiga começou a economizar e investir desde cedo, quando chegar a hora da colheita, ela certamente terá muito mais a festejar!" O riso contagiou o grupo, e algo aconteceu: um sentimento de coletividade se estabeleceu naquela mesa. Estavam todos juntos em busca de conhecimento.

Desafiado por sua própria vontade de avançar, Carlos decidiu mergulhar mais fundo nesse mundo desconhecido. Ele tinha uma ideia em mente, e neste momento, não era apenas sobre si; era sobre o compromisso em aprender coletivamente. "Vamos formar um grupo de estudo sobre investimentos! Cada um pode trazer alguma informação nova e compartilhar experiências pessoais", sugeriu, cheio de energia.

Atentos, todos concordaram, animando-se com a perspectiva de não só aprender, mas também de propor um espaço colaborativo em que o aprendizado se tornaria ainda mais eficaz. Joaquim desenhou um cronograma, e a semente de um clube de investimentos estava plantada ali, em meio a risadas e sonhos compartilhados.

A cada encontro, eles aprenderiam um pouco mais sobre o que era investir, os diferentes veículos disponíveis e como funcionava o mercado, mas, mais importante, a confiança começou a florescer. Cada um trouxe suas experiências, medos, e formulações pessoais sobre o que significava investir. Carlos percebeu que o apoio e a troca eram fundamentais; assim como cultivar um jardim repleto de flores distintas, cada um deles possuía uma visão pessoal que enriqueceria o relato.

As discussões aqueciam-se ao longo dos meses, e a cada novo conhecimento, Carlos via que a capacidade de investir escalava juntamente às suas economias. Não era mais apenas uma contabilidade de números; cada passo dado o encorajava a sonhar um pouco maior. Ele agora visualizava sua própria 'Terra Prometida'. Mas isso demandaria compromisso e ação, duas ferramentas que ele começava a manusear com confiança.

"Haverá riscos, certamente", Joaquim advertia um dia. "Mas lembrem-se, nenhum investimento é feito apenas pela emoção. Cuidando de seus investimentos e estando informados, podemos navegar nessas águas com total confiança." As palavras dele ressoavam em Carlos. Ele sentia que a liberdade financeira não era apenas um desejo, mas um resultado de planejamentos bem elaborados.

Assim, a jornada de Carlos continuou, pavimentando o caminho rumo a um futuro promissor. Cada um do seu grupo criava um legado que lhes pertencia, uma colheita rica nas terras de sonhos e aspirações. Ele se deixou guiar pela esperança de um amanhã mais brilhante, acompanhado pela sigla dos amigos que agora representavam não apenas um grupo de apoio, mas uma verdadeira família unida pela mesma meta.

E agora, ao leitor, esta pergunta ecoa: como você transformará suas crenças sobre investimentos em ações palpáveis? Está pronto para atravessar o deserto da incerteza e cultivar seu próprio jardim de oportunidades? A decisão é sua.

As a impulsos de emoção e esperança tomavam conta do ambiente, Carlos sentou-se à mesa com seus amigos, sentindo a energia contagiante que emanava daquele momento. No ar, havia uma expectativa crescente sobre o que significava, de fato, investir no futuro. Era ali, naquela mesa, que estavam se formando não apenas alianças financeiras, mas laços de amizade, compreensão e apoio mútuo.

"Investir é um ato de fé no futuro, não apenas em números!", Joaquim exclamou, gesticulando com entusiasmo. Ele estava determinado a mostrar aos amigos não apenas o que significava multiplicar o dinheiro, mas como isso se relacionava com as possibilidades que podiam alcançar juntos. "Nossos investimentos podem se transformar na realização de todos os nossos sonhos — a viagem dos sonhos, a casa própria, a liberdade de trabalhar menos e desfrutar mais."

Carlos escutava atentamente, recordando-se de quando seu entendimento sobre as finanças começou a mudar. Ele gostaria de ter tido essa aprofundada compreensão desde o início. Aos poucos, a filosofia de vida que o amigo expunha ganhava formas palpáveis em sua mente. "O tempo é um aliado poderoso, e quanto mais cedo começamos, maiores são as chances de colher frutos", refletiu ele em um murmúrio quase inaudível.

Ana, a sempre pragmática do grupo, interveio com seu olhar inteligente. "E a disciplina é a chave para fazer esse tempo contar," disse ela, lembrando a todos sobre a importância de manter um olho firme nos investimentos que fariam e nos objetivos que desejavam atingir. Cada um deles estava se moldando para se tornar um investidor mais consciente e informado.

"Vamos falar sobre as ferramentas que podemos usar para essa jornada", propôs Carlos, sentindo-se à vontade para orientar o grupo nessa nova fase. "Existem aplicativos de investimento que facilitam a vida e plataformas que oferecem cursos aos iniciantes. Está na hora de nos equiparmos!" A empolgação se espalhou pelo grupo como fogo em palha seca.

As conversas fluíam a uma velocidade constante, repletas de ideias de como cada um poderia se aproximar do conhecimento sobre investimentos. O clima era de um novo começo, e parecia que só havia um caminho a seguir — o caminho da construção de um legado.

"No próximo encontro, podemos falar sobre as diferentes classes de ativos. Ninguém precisa dominar isso da noite para o dia, mas a intenção é clara: entender como essas opções podem ser alavancadoras de nossas finanças pessoais", continuou Carlos, cada vez mais seguro. "Não poderosa apenas em números, mas na segurança que traz. Saber onde investir faz toda a diferença."

O grupo decidiu que, além de estudar e discutir teorias, iriam criar um fundo coletivo. Este fundo seria alimentado pelas pequenas economias que cada um deles conseguisse fazer em suas despesas mensais. "O que acham de um mês sem comer fora ou cancelar aquela assinatura que mal usamos?", sugeriu Joaquim, provocando risadas e acenos de concordância. "Hoje é o primeiro passo em direção ao nosso futuro, e estamos bem unidos nessa."

O calor das contribuições e a força das verdades que estavam ali sendo reveladas refletiam na determinação deles. Cada um ali sabia que esses passos eram cruciais na jornada que haviam decidido trilhar. Tinham aprendido com o tempo que as conquistas financeiras não eram frutos do acaso, e que cada centavo poupado e investido os levaria mais perto de seus objetivos.

E assim, à medida que o sol se punha, banhando a sala em tons dourados, Carlos refletiu sobre o que aquilo tudo significava. Ele percebeu que não se tratava apenas de números, mas sim de liberar-se de crenças limitantes e treinar sua mente a sempre pensar em possibilidades. E sim, uma dose de coragem para encarar os medos e incertezas à frente.

Com as metas definidas e uma nova mentalidade sendo cultivada entre amigos, abria-se diante deles um mundo de novas oportunidades. "Vamos juntos, e vamos conquistar nossa Terra Prometida!", selou Carlos, cercado pela energia vibrante e pelas promessas de um futuro radiante.

Reflita, querido leitor, como você pode dar seus primeiros passos rumo ao investimento? O que você está disposto a fazer para cultivar essa mentalidade? Cada decisão tomada neste momento é uma semente plantada que poderá gerar o maior dos patrimônios: o de viver plenamente.

Os dias se passavam e, em cada encontro do clube de investimentos, a atmosfera se tornava cada vez mais vibrante e cheia de possibilidades. Carlos, cada vez mais autoritário em suas análises, sentia que a conexão entre os amigos se fortalecia na mesma intensidade em que seu conhecimento se aprofundava. Era uma época de descobertas e empolgação; o futuro parecia repleto de oportunidades à sua frente.

"Hoje, quero falar sobre o poder do investimento a longo prazo," destacou Joaquim, com o entusiasmo característico que o tornava um líder natural do grupo. Todos estavam ansiosos para ouvir o que ele tinha a dizer. "O investimento não é apenas uma ação financeira; é também um compromisso com nossos sonhos e nossas vidas. Quando escolhemos investir, estamos decidindo não só onde colocar nosso dinheiro, mas também que tipo de vida queremos levar."

Carlos escutava atentamente, anotando tudo. A cada frase pronunciada, ele percebia que as ideias se conectavam como peças de um quebra-cabeça. Joaquim, com a clareza de um bom professor, começou a desvendar o conceito de composição de renda e como o tempo poderia se tornar o melhor amigo de um investidor.

"Vamos pensar em uma árvore", sugeriu ele. "Quando plantamos uma semente, não esperamos que ela cresça instantaneamente. Precisamos ser pacientes para ver os frutos dela. O mesmo é válido para os nossos investimentos. A cada mês que deixamos o dinheiro investido, ele cresce, e não apenas esse valor inicial, mas também os ganhos que vem acumulando."

A analogia ressoou profundamente com Carlos. Nas reuniões anteriores, ele havia apenas sonhado com o que fazer com suas economias, mas agora percebeu que cada momento era uma oportunidade de semear. "Investir é um ato de fé", ele refletiu, "fé no futuro e em mim mesmo."

Ana, que sempre trazia à tona questões práticas, perguntou: "Como os mais novatos podem começar a investir com segurança? Para muitos de nós, a incerteza é paralisante." Joaquim concordou que esse era um ponto válido e conduziu a conversa nesse sentido.

"A primeira coisa que você deve fazer é entender seu perfil", disse ele. "As pessoas têm diferentes tolerâncias ao risco, e é vital que você conheça a si mesmo. Alguns de nós são aventureiros, enquanto outros preferem um caminho mais seguro. Identificar isso ajuda na escolha das melhores opções de investimento."

Carlos sentiu-se inspirado. As dúvidas que antes preenchiam sua mente começaram a se dissipar, substituídas por uma crescente confiança. Ele sabia que precisava se educar sobre o que representava um "investimento seguro" versus um "investimento arrojado". Assim, diante da reflexão da mesa, decidiu que a próxima reunião seria uma sessão de compartilhamento de recursos: cada membro traria material sobre um tipo de investimento e apresentaria aos demais.

A ideia animou o grupo. Não era apenas um espaço para aprender, mas uma plataforma dinâmica de troca de conhecimento e apoio. Como um professor sempre alerta, Joaquim apontou, "O conhecimento é a ferramenta mais poderosa quando se trata de finanças. Ao compartilhá-lo, multiplicamos não só nossas chances de sucesso, mas a sabedoria do grupo. Afinal, somos mais fortes juntos."

E, em um momento de pura empatia, Carlos lembrou-se de sua própria jornada; a mudança não se limitava apenas a comportamentos e finanças, mas a um reconhecimento do papel vital que a comunidade desempenha na caminhada de cada um. Naquela sala, cercados por risadas e conselhos, o verdadeiro sentido de prosperidade estava sendo plantado.

"E que tal criarmos um calendário de estudos?", propôs Ana. A ideia surgiu naturalmente, e todos concordaram em dar seguimento a ela. Assim, poderiam acompanhar os progressos uns dos outros e manter a motivação alta. O comprometimento coletivo era palpável, um sentimento que Albert Einstein uma vez descreveu: "A força de um grupo está na união de seus esforços".

Enquanto avançavam, Carlos se perguntava o que mais poderia fazer para garantir seu crescimento. Ele queria se aprofundar e estabelecer laços ainda mais fortes com seus amigos, mas sabia que isso exigia um trabalho contínuo. O espaço se tornava mais do que um simples encontro de pessoas com os mesmos interesses; era um espaço de aprendizagem e transformação.

Na próxima reunião, os laços se tornariam ainda mais criativos, e as discussões sobre investimentos poderiam, quem sabe, levar a novas alianças e novas oportunidades. A energia pulsante de ansiedades e esperanças enchiam o ar.

"Vamos colher os frutos da nossa dedicação, um passo de cada vez", disse Carlos em um tom forte e decidido, artífice da própria história, moldando seu futuro com a certeza de que estava trilhando o caminho certo, junto de amigos verdadeiros.

A pergunta que dançava em sua mente, no entanto, permanecia: como você fará desse momento um divisor de águas na sua história financeira? Que conhecimento você se propõe a absorver e compartilhar? A jornada é pessoal, mas está carregada de possíveis colheitas saborosas que aguardam por aqueles dispostos a arregaçar as mangas e entrar em ação.

Capítulo 8: Superando Medos e Inseguranças

Carlos olhou pela janela, observando o sol se pôr enquanto pensava sobre tudo que havia aprendido até aqueles dias. Havia uma profundidade em sua jornada, uma conexão íntima com as lições que a vida lhe proporcionava, particularmente em relação aos medos e inseguranças que o acompanhavam. Ele era como um marinheiro diante de uma tempestade: sabia que as ondas eram turbulentas, mas o que o fez navegar foram os sonhos que ainda aguardavam no horizonte.

Com o grupo à sua frente, Carlos propôs um exercício que os desafiaria a lembrar que todos carregavam suas próprias inseguranças. "Quem aqui já teve medo de investir?" – perguntou ele, e, para sua surpresa, todos levantaram as mãos. Joaquim, sempre o mais ousado, riu nervosamente. "Claro! É como ficar diante de uma roleta." Ana adicionou: "É fácil falar de união e crescimento, mas e a vulnerabilidade? Como lidamos com ela?"

Essas palavras ecoaram sobre a mesa, gerando um misto de risos nervosos e expressões sérias. O grupo percebeu o potencial liberador de discutir o que sempre mantinham guardado. Carlos se lembrou do que ouvira uma vez: "Os erros não são o fim, mas etapas cruciais para o aprendizado." Se, de fato, o fracasso fosse uma parte do processo, então era necessário absorver o que havia de valioso em cada detalhe. Aquela era a essência de suas inseguranças; algo a que poderiam dar atenção e, em vez de se deixar vencer, usá-las como combustível.

"Um dos maiores desafios," continuou Carlos, "é admitir nossas falhas. Muitas vezes, temos a sensação de que estamos sozinhos nessa. Mas se olharmos mais de perto, perceberemos que não estamos sozinhos." Cada um dos amigos partilhou uma experiência de fracasso, e ao fazer isso, a atmosfera leveçou; ao expor suas vulnerabilidades, eles também contaminaram o ambiente com esperança — uma nova perspectiva estava se moldando.

Joaquim lembrou a todos sobre a história de um grande investidor que falhou várias vezes antes de encontrar seu caminho. "Cada cicatriz é um aprendizado, não é? Precisamos parar de enxergar fracassos como uma condenação, e sim como sinais de que estamos tentando." E assim, a conversa se aprofundou na criação de uma cultura de aceitação, onde erros não eram exceto pessoas, mas sim experiências cuja lição se tornava parte essencial de sua trajetória.

Naquele momento, a ideia de que o erro não os definia, mas sim, as ações que tomavam após ele, começou a integrar a essência do grupo. Lembrou a eles que a vergonha de falhar era um peso que não precisavam carregar. "Podemos ser as vozes de encorajamento uns dos outros, assim como a Bahia e o vento que a empurra adiante. Ao lidar abertamente com nossas inseguranças, somos capazes de criar um espaço seguro para que cada sonho floresça", observou Ana, acenando para seus amigos.

"Então, por que não fazemos uma lista dos aprendizados?" - sugeriu Carlos. Ouvindo isso, a energia na sala era palpável. Cada um começou a compartilhar as lições que tiraram de suas experiências menos favoráveis, transformando o que uma vez pareceu confirmar suas inseguranças em poderosas declarações de crescimento. Essa troca deu nova vida à mesa, e se tornou evidente que cada passo em direção à superação trazia consigo um testemunho de força.

Mais tarde, quando o céu estava completamente escuro, e as estrelas começaram a aparecer, Carlos se sentiu maravilhado. Ele viu seus amigos como não só companheiros, mas como aliados em uma jornada onde cada um deles poderia se tornar um farol para o outro. Ele imaginou a jornada adiante – ainda haveria desafios, sim, mas havia agora uma união que os tornava mais fortes.

"Lembre-se," Carlos compartilhou enquanto o grupo refreava seus olhares nas estrelas, "superar é um processo contínuo. A superação não significa ausência de medo, mas sim a decisão de agir apesar dele." E com isso, eles prometiam a si mesmos e uns aos outros que as inseguranças seriam reconhecidas, não como amarras, mas como trampolins para voos mais altos.

A noite avançava, e o grupo, agora cercado por uma nova sensibilização, reafirmou sua força; juntos poderiam moldar não apenas seus destinos financeiros, mas também suas vidas, suas amizades e seu futuro. "Estamos prontos para trilhar essa jornada com coragem, não estamos?", questionou Carlos. E era unânime, como se o universo estivesse dizendo "Sim". Pois cada um ali agora sabia: o caminho para a Terra Prometida não era repleto apenas de vitórias; era também feito de desafios amenizados pelo apoio de grandes amigos.

E, querido leitor, em sua própria jornada, como você enfrentará suas inseguranças? O que a coragem de lutar pela sua terra prometida significa para você? A verdade é que enfrentar nossos medos é apenas o primeiro passo na busca por realização; cabe a nós fazer dessa jornada uma que floresça com potenciais infinitos.

Aprender com os fracassos é uma das lições mais valiosas que a vida nos traz, e Carlos sabia que ainda tinha muito a descobrir sobre isso. Ao redor da mesa, enquanto as luzes da sala começavam a se apagar, ele tomou coragem para abordar um tema que sempre o incomodou: a sensação de falhar. "Escutar sobre as vitórias é encorajador, mas o que dizer das nossas quedas?", ele indagou, mantendo o tom leve que costumava acompanhar as conversas do grupo.

Joaquim acenou com a cabeça, princípio de um entendimento compartilhado. "Todo bom investidor já sofreu perdas, Carlos. O importante é entender que esses momentos nos ensinam sobre o que não deveríamos fazer novamente. E cada erro, mentalmente, deve ser transformado em um aprendizado." A resposta trouxe uma sensação de alívio, como se um peso tivesse sido retirado de seus ombros, permitindo que Carlos o visse de outra forma.

"Eu me lembro de um momento específico em que tomei uma decisão financeira errada", começou Ana, envolvendo o grupo. "Investi uma quantia significativa em ações de uma empresa que parecia promissora, mas acabei aprendendo da maneira mais difícil que não havia analisado os dados corretamente." Todos a escutavam com atenção, intrigados. Ela prosseguiu: "Demorou um tempo para perceber que era preciso ter mais atitude em analisar o que estava à minha frente, e isso me ensinou a importância da pesquisa antes de saltar."

O clima na sala estava carregado de empatia. Carlos refletiu sobre como aqueles momentos de vulnerabilidade ficaram mais leves com as histórias compartilhadas. Cada um deles estava revelando que o fracasso, além de doloroso, era uma etapa comum do processo de crescimento. E que, se colaborassem, poderiam não apenas derrubar barreiras emocionais, mas também construir um espaço onde os erros se tornariam pilares de sabedoria.

"Exatamente! Podemos ver o fracasso como uma experiência de aprendizado em vez de um atestado de incompetência," Joaquim reafirmou. E assim, o grupo começou uma sessão de "anulação de fantasmas". Cada um falava sobre as escolhas que os levaram a perdas e como essas experiências moldaram sua mentalidade. O ar estava cheio de histórias que lembravam que as maiores mentes costumam ser forjadas no cadinho das dificuldades.

Desfrutaram do momento, guiando-se por conversas sobre outros indivíduos que falharam antes de brilharem, figuras como Thomas Edison e sua ligação com o processo das invenções, que exigiram persistência apesar dos muitos fracassos. "Quantas vezes ele falhou antes de conseguir fazer a lâmpada funcionar? E ainda assim, ele dizia que não havia falhado; apenas havia encontrado dez mil soluções que não funcionavam", observou Carlos, admirando a capacidade daqueles que ousaram.

Ana adicionou que, além de aprender com os erros, era fundamental manter o olhar atento às oportunidades que surgem após as quedas. "As oportunidades costumam se disfarçar de fracassos – é nossa responsabilidade encontrá-las." Essa ideia de transformação de erros em possibilidades renovadas fez ecoar um sentimento de esperança entre todos.

"E pensar que um fracasso pode ser apenas um naco da grande pizza da vida, um pedaço que nos sugere uma mistura de sabores. Se soubermos aprender com isso, cada fatia nos trará crescimento", completou Joaquim, incitando risadas. O grupo saiu da conversa com a certeza de que abordar as inseguranças frente ao investimento talvez fosse o primeiro passo nas montanhas-russas da vida.

No entanto, Carlos sabia que o assunto não terminava ali; aquela era apenas a reflexão sobre as experiências ali compartilhadas. Era preciso praticar! "Dentro de tudo isso, quanto de crescimento poderemos extrair dessa reflexão? Que tal fazermos uma pequena lista com os erros que já cometeram? Ou, ainda melhor, com as lições que tiraram deles?" A proposta foi acolhida com entusiasmo. Papel e caneta surgiram ao redor da mesa, e os olhos brilhavam com novos ares de esperança.

Com toda a iniciativa fluindo, cada amigo começou a elaborar as listas. Carlos se sentiu fortalecido; ele sabia que tantos poderiam, finalmente, converter um momento de fraqueza numa construção sólida para o futuro. Aquela troca de experiências desmistificava de vez a vergonha que muitos sentiam ao falhar. A cada lista, eles cantavam uma canção onde o medo de investir podia ser superado por meio da resiliência e autoconfiança.

Nos próximos encontros, o grupo já tinha decidido que a primeira coisa na pauta das reuniões seria refletir sobre os aprendizados. Afinal, a resiliência não provinha apenas de conquistas, mas também de onde se toma coragem para continuar após a queda. Eles não eram apenas amigos, eram construtores do futuro uns dos outros, plantando novos saberes em solo fértil de experiências e crescimento.

Assim, mesmo nas dificuldades, seus corações estavam prontos para enfrentar as tempestades da vida. Diante de cada ermo de insegurança, experimentariam a beleza de seus próprios caminhos. Pois, no fundo, talvez o verdadeiro legado da vida não se resuma a colecionar vitórias, mas a ter coragem de reerguer-se, abraçando as lições que a jornada proporciona. E, querido leitor, na sua trajetória a que medos se permitirá enfrentar hoje para que o amanhã seja ainda mais grandioso?

Carlos percebeu que a conversa sobre medos e inseguranças trazia à tona uma temática comum entre ele e seus amigos. Numa mesa ampla de uma cafeteria iluminada por uma luz suave, ele decidiu puxar esse tema que o inquietava há algum tempo. "Por que não falamos sobre as inseguranças que encontramos na jornada de investir? Todos aqui já sentimos esse medo, não é verdade?" Ele olhou ao redor e rapidamente viu a confirmação nos rostos de seus amigos. Cada um deles se lembrava de momentos em que hesitaram em agir por conta de suas inseguranças.

Joaquim foi o primeiro a responder: "Sim, sempre há esse medo de perder o que acumulamos. É como estar em um campo de guerra, onde, a cada movimento em falso, podemos perder nosso patrimônio." Ana, sempre equilibrada, acrescentou que era importante também falar sobre essa vulnerabilidade. "Se temos medo de errar, isso deve ser visto como um sinal de que estamos investindo recursos que nos importam. No entanto, precisamos aprender a transformar esse medo em motivação."

Enquanto todos refletiam sobre as palavras dela, Carlos tomou coragem e compartilhou um momento de sua própria trajetória. "Me lembro da primeira vez que tentei investir em ações. Fiquei tão paralisado com a ideia de perder que deixei de agir. E, pela falta de um ato decisivo, acabei perdendo a chance de observar como o mercado poderia ter funcionado a meu favor. Foi essa inação que me custou uma experiência valiosa", ele revelou, sentindo-se mais leve ao expor sua fragilidade.

Essa abertura de Carlos quebrou um gelo invisível. Joaquim, com sua característica animada, se manifestou: "E é assim que os grandes investidores aprendem, meu amigo. Errar é parte do aprendizado. O que sempre digo é que, quando você tropeça, deve aprender a se levantar mais forte." O grupo começou a trocar histórias sobre erros cometidos e como essas experiências se tornaram lições cruciais. Cada um delineou uma fase de insegurança que o havia quase impedido de avançar.

Carlos percebeu então que a troca de histórias era uma forma de acolhimento e fortalecimento. Raquel, uma amiga que, até então, é mais tímida, decidiu se juntar à conversa: "Uma vez, contratei um consultor financeiro que não tinha a minha confiança, e acabei seguindo conselhos que não faziam sentido para mim. Aprendi da maneira mais difícil que, ao final, você precisa ser responsável pelas suas escolhas e, mais importante, confiar em si mesmo."

O papo rapidamente evoluiu para o reconhecimento de que, reconhecer suas falhas não era um sinônimo de fraqueza, mas sim um sinal de coragem. Cada personagem naquela mesa via na vulnerabilidade, um caminho para a coragem. Assim, Carlos propôs: "E se fizermos uma lista das inseguranças? Vamos nos comprometer a transformá-las em aprendizados." Todos foram rápidos em concordar, e em poucos minutos cada um trouxe suas fraquezas para a mesa, como se convidassem um novo dia em suas vidas.

Eles criaram uma lista que abrangia sofrimentos como o medo de perder dinheiro, de errar na escolha de um investimento, de ser julgado por terceiros e até de não conseguir alcançar as metas propostas. Carlos ficou admirado ao ver como aqueles sentimentos, que antes pareciam tão pesados, agora pareciam leves e cheios de perspectiva quando partilhados em conjunto.

"Sabe, sinto que devemos nos apoiar não só para reconhecer os medos, mas também para celebrar as vitórias, mesmo que pequenas", Ana disse sorrindo. Sorriam juntos, como companheiros de uma jornada que, apesar das incertezas, se tornava corajosa e vibrante à medida que os desafios eram expostos e conversados abertamente.

Entre risos e conchavos, Carlos teve um momento de clareza, como se pequenas lâmpadas acendessem em sua mente. "Às vezes, para superar esses medos, precisamos nos cercar de pessoas que nos inspiram, que almejam o mesmo que nós. A nossa tribo!" comentou ele, direcionando um olhar esperançoso ao redor da mesa. O grupo reconheceu que a união deles, aquele desejo genuíno de aprender juntos, era o que tornava a trajetória menos pesada.

A noite continuava a se desenrolar com certa suavidade e calor. Os medos e inseguranças que ecoavam na sala se transformavam em designações de coragem. Voltar-se a essa realidade era um convite para cada um, não apenas para Carlos, mas para todos, adotar uma nova perspectiva. Eles perceberam que não estavam sozinhos na luta; eram uma equipe que, ao longo da jornada, aprenderia a enfrentar e abraçar os desafios financeiros.

E assim, cada um deles, entre risadas e memórias compartilhadas, decidia encarar o amanhã com uma renovada esperança. Pois naquela mesa, surgiu uma força coletiva que os levaria adiante, e Carlos sabia que esses encontros não eram apenas sobre finanças, mas sobre o fortalecimento pessoal e a construção de laços que transcendiam o próprio ato de investir.

Naquele instante, aos olhos do grupo, o futuro se desenhava como um campo fértil e pronto para as sementes das aspirações que ali seriam lançadas. Era possível perceber que, através da superação das inseguranças e do reconhecimento das vulnerabilidades, eles se tornariam não apenas investidores mais astutos, mas também seres humanos mais plenos. E a questão que ficava na mente de Carlos e dos amigos era: como transformar cada aprendizado em um degrau a mais na construção da vida que desejavam? Com a certeza de que juntos, poderiam navegar por qualquer tempestade.

Não existe crescimento sem enfrentar os medos que, muitas vezes, nos paralisam. Carlos observava seus amigos sentados ao redor da mesa, cada um com expressões que refletiam a combinação de ansiedade e expectativa. A conversa fluiu entre os membros do clube de investimentos, e ele sentia que era o momento certo para compartilhar um sentimento que o acompanhava há tempos. Respirou fundo e falou: "O que me impede de avançar, muitas vezes, é o medo de errar. Esse medo se transforma em uma sombra que eu carrego sempre que considero um novo investimento."

As cabeças se voltaram para ele. Joaquim, sempre pronto para oferecer apoio, acrescentou: "É exatamente sobre isso que precisamos falar. Todos nós temos medo de errar, de perder. É natural. O que precisamos entender é que o fracasso não é o fim, mas uma parte do processo." As palavras ressoaram forte, e Carlos notou que seu amigo estava certo. O simples ato de compartilhar suas inseguranças enfraquecia sua carga emocional.

Ana, com um olhar curioso, interveio e disse: "O que pode ajudar é olharmos para o erro como uma oportunidade de aprendizado. Quando somos transparentes sobre nossos erros, fugimos da vergonha que muitas vezes nos paralisa." Ela olhou ao redor, convidando outros a falar também. "Que tal começarmos a compartilhar não apenas nossas vitórias, mas também as armadilhas nas quais caímos? Assim, podemos aprender juntos."

Carlos se lembrou de uma vez em que investiu em uma ação cujos fundamentos não analisou adequadamente. A perda tinha sido dolorosa, mas na mesma medida, criava ali uma lição de resiliência. "Cometi um erro que me custou uma parte significativa do que havia conquistado até então", compartilhou ele, com um sorriso forçado. "Mas, tendo aprendido com isso, estabeleci um novo parâmetro para mim. Hoje, ao invés de fugir, procuro entender cada passo dado."

O ambiente estava carregado de energia criativa ao passo que cada um começava a se abrir. Joaquim falou sobre uma vez que, confiando em uma dica que parecia incrível, acabou investindo em um empreendimento de mercado, mas não se aprofundou de fato na análise. A história se desenrolou com risadas e acenos de reconhecimento da dor de ver o dinheiro indo pelo ralo. A cada relato, os níveis de vulnerabilidade naquele pequeno grupo se transformaram em força coletiva.

Ouvindo todas as confessões, Miguel, o menos vocal do grupo, finalmente encontrou coragem e se pronunciou: "Vocês têm razão. A vergonha do erro gera uma sombra que nos faz perder a conexão com o aprendizado. O que pode ser liberador é entender que nossas falhas tornam os relatos mais valiosos". Ele estava decidido: não deixaria a dúvida sufocá-lo.

"Então", Carlos começou, "vamos fazer algo diferente. Que tal um evento onde compartilhemos nossas histórias sobre experiências ruins em investimentos? E o que aprendemos com elas! Assim, ao invés de temer a opinião dos outros, cultivamos um espaço de aprendizado entre amigos." A ideia rapidamente capturou a atenção de todos, que imediatamente começaram a discutir formas de colocar essa ação em prática.

Naquela noite, Carlos viu crescer uma organização vibrante, uma rede de apoio onde cada um era responsável pelo crescimento do outro. As histórias e desafios jugados como vergonhosos agora eram saboreados como oportunidades de evolução. "Superar a vergonha e ensinar por meio da experiência, esse é o caminho", pensou ele. E assim, a perda que antes parecia um peso, agora se transformava na semente de coragem cultivada em um ambiente seguro e acolhedor.

Carlos sorriu. Ele sabia que cada passo dado nessa jornada compartilhada fortaleceria seus laços e ampliaria sua confiança. A insegurança não era um inimigo; era uma oportunidade vestida de cinzas, pronta para renascer sob a luz da amizade e do compartilhamento. O futuro, pensou ele, seria construído sobre os aprendizados de hoje. E, ao sair daquele encontro, Carlos sentiu que chegara mais perto de sua própria Terra Prometida.

Ao final do capítulo, ele olhou diretamente para o leitor e a indagação flutuou em sua mente: como você transformaria seu medo em um potencial combustível de aprendizado? Quais histórias você poderia compartilhar que liberariam a energia escondida em suas próprias inseguranças? A jornada apenas começava.

Capítulo 9: A Importância das Relações

Carlos sentou-se à mesa de reuniões, cercado por seus amigos, e sentiu uma energia vibrante no ar. O assunto do dia era algo que ele considerava essencial para todos que aspiravam a uma vida próspera: o poder do networking. Era um tema que muitas vezes era subestimado, mas que influenciava diretamente as trajetórias de sucesso e as oportunidades que surgiam quando menos se esperava.

"Networking", começou ele, "é como construir uma ponte entre sonhos e realidade. É a maneira pela qual conectamos nossos anseios às oportunidades que o mundo nos oferece. Pensem em toda vez que uma conexão significativa trouxe mudanças em suas vidas." Os rostos ao seu redor começavam a expressar compreensão. Doze diferentes histórias se aqueciam dentro de cada um.

Joaquim, sempre animado, foi o primeiro a responder. "Lembro de uma época em que estava à beira de desistir de um projeto incrível. Eu me sentia isolado, mas uma conversa aleatória com um colega em um evento me apresentou a um investidor que transformou meu sonho em realidade." A história ressoou, instigando olhares curiosos entre o grupo. "É incrível como uma única conexão pode mudar tudo, não é?"

Ana, com sua empatia característica, adicionou: "Networking não é apenas sobre tirar proveito dos outros. É uma via de mão dupla. Devemos estar dispostos a oferecer ajuda e apoio também. É uma dança que envolve confiança e reciprocidade." O entendimento estava se fortalecendo entre eles.

Carlos lembrou-se de uma história marcante sobre um jovem chamado Felipe, que, após ser demitido, decidiu participar de um evento de networking. Ele não tinha grandes expectativas, mas conversou com uma pessoa que lhe deu dicas sobre como reinventar sua carreira. Essa simples interação levou Felipe a um novo emprego, um onde ele nunca poderia imaginar que estaria. "Os relacionamentos que construímos podem abrir portas que nunca soubemos que existiam", refletiu Carlos.

"E o melhor de tudo," continuou, "é que essas conexões não precisam ser forçadas. Às vezes, o que se inicia como um simples diálogo se transforma em algo profundo ao longo do tempo." Ele destacou a importância de cultivar relacionamentos autênticos, mencionando que pequenas ações, como enviar uma mensagem de agradecimento ou perguntar como alguém está, na verdade, são os alicerces que sustentam essas conexões.

À medida que a conversa avançava, cada um compartilhou suas próprias experiências sobre o impacto do networking em suas vidas. Miguel, sempre mais reservado, finalmente encontrou o momento de se abrir. "Um contato que fiz em um evento de finanças me não só apresentou a um mentor, mas também me ajudou a definir o que realmente queria em minha carreira." A palavra "mentoria" deixou uma sensação palpável entre os amigos. Era claro que esse apoio contribuí ao crescimento e linha de entendimento das conquistas de cada um.

Carlos viu ali a oportunidade de trazer um desafio ao grupo. "Vamos fazer algo? Que tal escolher cada um de nós se comprometer a conectar-se intencionalmente com uma nova pessoa esta semana? Pode ser alguém na área financeira, alguém com interesses alinhados, ou até uma antiga amizade que desejamos reatar." A ideia contagiante teve uma resposta imediata.

Todos concordaram, e a promessa de novas conexões ficou pairando no ar.

"Pensando bem," Ana lançou, "podemos até formar grupos de leitura ou pequenos eventos onde possamos explorar nosso conhecimento coletivo. Isso se torna uma oportunidade não apenas de crescer, mas também de aprender em conjunto." Os olhos de Carlos brilharam com entusiasmo. A energia no ar era contagiante, e ele via o potencial nas mentes inquietas e criativas que estavam ali.

Naquele instante, sentiu-se grato por estar cercado de amigos. Mentes que não apenas apoiavam, mas que eram verdadeiros aliados, dispostos a se elevarem mutuamente. Ele percebeu que a jornada fez mais do que apenas conectar conhecimentos; nossas relações também moldavam nossas identidades.

"Podemos ser a mudança que queremos ver no mundo, começando por nossas próprias conexões," ele enfatizou. Os corações estavam em uníssono, pulsando em um ritmo que evocava a promessa de crescimento e prosperidade coletiva.

Aquela noite, Carlos se despediu do grupo com um sentimento renovado. Ao olhar pela janela, ele viu as estrelas brilhando intensamente. Aquela visão o confortou, lembrando que cada nova conexão, cada diálogo sincero, era uma luz a mais no caminho. E olhando para o futuro, uma questão ecoava em sua mente: como cada um deles poderia tornar suas vidas e o mundo ao seu redor mais brilhantes por meio do poder das relações?

DIRETO NO CONTEÚDO:

As parcerias, quando moldadas com cuidado, podem se transformar em verdadeiros instrumentos de mudança. Carlos olhou para seus amigos e lembrou-se de como algumas colaborações poderiam gerar resultados extraordinários. "Vou compartilhar com vocês uma ideia que tenho explorado sobre como as sinergias podem impulsionar realizações tanto em projetos financeiros quanto pessoais. Quando unimos forças, criamos não apenas um ambiente de apoio, como também a chance de transformar nossos sonhos em realidade."

Ana acenou, fã do que estava prestes a desenvolver. "As melhores histórias sobre parcerias que eu conheço são aquelas que resultaram em algo muito maior do que a soma das partes. Pensem no impacto que podemos ter ao compartilhar conhecimentos e habilidades. Cada um de nós traz algo especial para a mesa."

Em um momento de reflexão, Carlos começou a contar uma história marcante. "Certa vez, conheci um empreendedor chamado Lucas, que, por um longo tempo, se sentiu preso em um ciclo de rotina. Ele tinha boas ideias, mas sempre achava que não tinha ninguém para compartilhar. Então, um dia, decidiu se inscrever em um curso sobre desenvolvimento de startups. Lá, encontrou um grupo que, como ele, tinha grandes aspirações. Juntos, eles começaram a criar projetos, trocando ideias e oferecendo feedback contínuo. Esse processo foi libertador para Lucas; não levou muito tempo para que eles co-criassem uma plataforma de e-commerce que inovava o mercado."

Joaquim, interessado, comentou: "Então, o que mudou para ele foi a mudança no ambiente! Estar cercado por pessoas que queriam crescer deu a Lucas a motivação necessária." Carlos sorriu, satisfeito por perceber que a mensagem estava resonando com os amigos.

"Era isso! Posso afirmar que o poder da colaboração não é apenas sobre apoio mútuo, mas também sobre aprendizado e crescimento coletivo. Lucas não apenas alcançou seus objetivos, mas também garantiu que, ao longo do caminho, ajudasse outros." Ele olhou para os rostos inspirados. "É essencial que reconheçamos que ninguém é uma ilha. Precisamos formar essas alianças estratégicas para terminar nossa jornada como um esforço compartilhado."

Ana explicou ainda mais que, em um mundo onde a competição é comum, abrir-se a parcerias pode ser um divisor de águas. "Devemos valorizar a interdependência. Como indivíduos, frequentemente nos sentimos sozinhos em nosso caminho. No entanto, ao mesclarmos nossas forças, criamos um tecido rico de ideias e capacidades. Isso nos torna mais fortes em nossa busca pela Terra Prometida que sonhamos."

As conversas fluíam e a paixão pelo que estavam discutindo ficava cada vez mais evidente. Ao final, Carlos sugere: "Vamos todos nos comprometer em buscar uma nova parceria, alguém que admiramos ou mesmo um conhecimento diferente que possa subir nossos níveis de experiência. Pode ser um mentor, um colega ou até alguém de outras áreas que possua habilidades que achamos interessantes." Todos concordaram animadamente, criando um plano de ação para cultivar essas novas conexões.

Ao olhar para seus amigos, Carlos sentiu que não estavam apenas fazendo promessas impraticáveis; ali começava uma nova fase, aonde o coletivo se tornava a chave para o sucesso. O futuro estava coberto de possibilidades, e o apoio de relações significativas era a ponte a ser cruzada. Cada um de um jeitinho peculiar, mas todos juntos, estavam programados para brilhar ainda mais forte.

Naquele momento, a reflexão dos laços se estabelecendo feitas por mãos amigas tornou-se clara. E no íntimo de cada um ali, carregavam a pergunta: em que níveis suas relações poderiam ser aprofundadas ou transformadas? Como a interdependência pode proporcionar uma expansão em nossa mentalidade e crescimento? Cada passo em direção à construção de um relacionamento consciente é um passo mais perto da realização dos seus sonhos. Portanto, como você imagine sua rede de conexões se transformando e preparando o terreno para o que deseja cultivar em sua vida?

As estrelas brilhavam, e assim como elas, eles estavam prontos para acender a luz de novas possibilidades juntos. As conexões eram as alavancas de um futuro promissor, oferecendo não apenas oportunidades, mas a certeza de que as jornadas poderiam ser mais repletas e significativas quando compartilhadas.

DIRETO NO CONTEÚDO:

Carlos observava seus amigos enquanto eles compartilhavam suas perspectivas sobre as relações que estavam construindo e como essas conexões moldavam suas trajetórias. Tornou-se evidente que a força das alianças que formavam influenciava não só suas finanças, mas também suas emoções e decisões diárias. Ele decidiu que era hora de explorar as nuances desse tema importante: a influência das relações na mentalidade e nas ações.

"Vocês já pararam para pensar em como as conexões que fazemos moldam nosso caráter e nossas ambições?" perguntou Carlos, com um brilho de curiosidade. A sala, antes cheia de risos e brincadeiras, agora estava envolta em um silêncio contemplativo. Joaquim, sempre sincero, foi o primeiro a se manifestar: "Sim, a forma como nossas amizades evoluem certamente afeta como pensamos e agimos. Lembro de momentos em que me deixei influenciar por pessoas que não compartilhavam dos meus valores."

Raquel acenou em concordância, lembrando a todos da importância de se rodear de pessoas que inspiram e apoiam. "Foi quando me cercava de indivíduos com mentalidade positiva que, finalmente, consegui vislumbrar novos horizontes e oportunidades. Antes, eu ficava presa em ciclos de dúvida e insegurança."

Carlos pegou essa deixa para explicar que criar um ambiente positivo e construtivo era fundamental. "As relações que cultivamos podem servir tanto como suporte quanto como barreiras. O poder de uma amizade sincera pode ser um catalisador para nosso crescimento pessoal, enquanto conexões negativas podem drenar nossa energia e limitar as nossas aspirações."

A conversa fluiu, revelando por meio de histórias pessoais como a amizade e o apoio mútuo tinham ajudado os membros do grupo a transpor barreiras que pareciam intransponíveis. Joaquim lembrou-se de um episódio em que, com a ajuda de um amigo, decidiu empreender. Ele se sentia inseguro, mas ao ver a confiança de seu colega, encontrou coragem para dar um passo em direção ao desconhecido.

"Era como se ele estivesse segurando uma lanterna, iluminando o caminho. As amizades certas são aquelas que nos encorajam a brilhar e nos lembram de nosso potencial." As palavras ecoaram, e Carlos soube que ali havia uma força emergente, uma união repleta de experiências e aprendizados.

"E como fazemos para garantir que as nossas relações sejam realmente saudáveis e produtivas?" Ana indagou. Essa pergunta levou o grupo a discutir profundamente sobre empatia e escuta ativa. Carlos enfatizou: "São essas habilidades que cultivamos que determinam a qualidade das relações. O ato de ouvir genuinamente, sem julgamentos, cria um espaço seguro para que a verdadeira conexão floresça."

Mais do que uma simples troca de ideias, aquele encontro estabelecia um laço forte, um comprometimento de se apoiar mutuamente. Falar sobre desafios não era apenas um desabafo, mas um convite para transformar vulnerabilidades em potenciais. Cada relato divertia e, ao mesmo tempo, inspirava o grupo a enxergar as relações como verdadeiros pilares na edificação de suas jornadas.

"Pergunta retórica," refletiu Carlos, "quais histórias de superação nós poderíamos contar, em grupo, sobre as influências positivas que impactaram nossas vidas?" O clima estava vibrante. Era um momento de transição onde cada um ali percebeu que, ao compartilhar, estavam não apenas construindo um legado, mas se comprometendo a auxiliar uns aos outros na realização de seus sonhos.

Finalmente, ele propôs um exercício que consolidasse aquelas lições. "Que tal a gente começar a registrar os impactos positivos que cada um traz para a vida dos outros? Este diário de gratidão não apenas nos lembraria do quão valiosas são nossas conexões, mas também serviria como um lembrete constante do quanto podemos ajudar uns aos outros."

O grupo concordou animado, um sentimento renovador unia todos – a certeza de que cada diálogo poderia ser uma nova extensão do que eles construíam juntos, criando um tecido duro e dinâmico que sustentava a jornada de todos.

Carlos pôde sentir, ao final daquela noite iluminada, que transformar as relações era um esforço coletivo. Era um lembrete poderoso de que, juntos, eles poderiam superar quaisquer desafios. Para ele, a Terra Prometida estava não apenas nas conquistas financeiras, mas também na construção e no fortalecimento de laços que, uma vez tecidos, durariam para sempre. E assim, refletindo sobre o futuro, ele se fez a pergunta: como potenciarmos nossas relações para que o impacto sobre nossas vidas seja transformador e duradouro?

DIRETO NO CONTEÚDO:

Carlos estava sentado à mesa, cercado por seus amigos, enquanto a conversa fluía animadamente. Havia algo especial no ar, uma vibração de expectativa que nutria suas discussões sobre como cultivar relações duradouras. A ideia de construir conexões não era apenas sobre networking; era sobre fomentar vínculos reais, que iam além de interesses momentâneos, e se baseavam na confiança e empatia.

"Construir relações duradouras exige cuidado e dedicação", começou Carlos, lançando um olhar encorajador para a turma. "É como cultivar um jardim. Precisa de atenção, rega, e às vezes até de poda. Precisamos garantir que as plantas ao nosso redor estejam saudáveis e floresçam de maneira plena."

Ana acenou, apoiando suas palavras. "E o que é mais bonito nessa jardinagem das relações é que, com o tempo, podemos colher os frutos dessa dedicação. As amizades e parcerias que formamos não são apenas valiosíssimas por suas vantagens imediatas, mas também pelo apoio que nos oferecem nos momentos difíceis."

Joaquim, sempre com seu jeito otimista, lembrou que cultivar relações não significava evitar conflitos, mas aprendi a lidar com eles. "As discussões e desentendimentos podem ser fertilizantes para um relacionamento mais forte. Juntos, podemos superar desafios, e em vez de formarem barreiras, passam a ser pontes que nos conectam ainda mais."

Dando sequência à conversa, Carlos trouxe à tona a importância da comunicação. "Não dá para cultivar algo sem estabelecer um diálogo honesto. Precisamos praticar a escuta ativa e a clareza na comunicação. Não basta apenas falar; é essencial que nossas palavras sejam acompanhadas de intenção e atenção." Ele enfatizou que, em um mundo acelerado, todos devem buscar cultivar a presença nas conversas.

"Quero lhes contar sobre um amigo próximo que, ao esquecer-se disso, acabou afastando pessoas importantes de sua vida. Ele tinha a impressionante habilidade de falar mais do que ouvir, e, com isso, muitos acabaram se sentindo desvalorizados. Quando ele percebeu, era tarde demais, e o dano estava feito. Isso mostra que a conexão genuína tem que ir além da superficialidade," disse Carlos, com um olhar reflexivo.

"E, claro," acrescentou Ana, "precisamos entender que as relações se baseiam na reciprocidade. O que podemos oferecer às pessoas e como isso reflete em nossa própria jornada? Ao nos dedicarmos a nutrir essas conexões, estamos também semeando as sementes para nosso próprio crescimento e sucesso."

Os amigos firmaram esse compromisso de praticar a gratidão em suas interações a partir daquele dia. Raquel fez a sugestão de que cada um escrevesse uma carta de agradecimento a alguém que os apoiou em suas jornadas. "Às vezes, agradecemos de coração, mas verbalizar poderia transformar uma boa relação em um laço ainda maior," ela sugeriu, e os outros logo se mostraram animados para participar.

"Além disso," continuou Carlos, "devemos valorizar o tempo que passamos juntos. Que tal organizarmos eventos regulares? Podemos cruzar conhecimentos, compartilhar dicas e crescer juntos como uma verdadeira rede de apoio." A ideia explodiu em discussões animadas entre eles, desenhando a fase de ação que todos sabiam que era essencial.

E assim, ao fim da reunião, Carlos olhou nos olhos de seus amigos e uma sensação de renovação tomou conta de seu ser. Ele percebeu que não eram apenas companheiros; eram construtores de um futuro rico em aprendizado e solidariedade. Cada um estava pronto para fazer sua parte, para cultivar, com zelo e amor, as relações que iriam levá-los à verdadeira Terra Prometida da prosperidade e da felicidade.

"Façamos, portanto, uma reflexão: como podemos nutrir esses laços, não apenas hoje, mas dia após dia? Que novas práticas de carinho, entendimento e atenção podemos implementar em nossas vidas?" Carlos se despediu, sentindo que a jornada deles juntos estava apenas começando.

E com isso, a pergunta ficou no ar, ecoando nas mentes de cada um: você, querido leitor, como tem cuidado das suas relações? Como está cultivando o seu próprio jardim de conexões que, assim como flores, precisam de cuidado e amor para prosperar verdadeiramente?

Capítulo 10: A Celebração das Conquistas

Celebrar conquistas, por menores que sejam, é um dos maiores aliados numa jornada rumo à realização dos sonhos. Carlos, ao se reunir com seus amigos após uma longa semana, sentiu o peso das vitórias que haviam se acumulado. Ele olhou para cada um deles e percebeu que, além de compartilhar desafios, era também fundamental reconhecer e comemorar o que já haviam alcançado.

"Quando foi a última vez que vocês realmente pararam para celebrar algo?" perguntou Carlos, quebrando o gelo enquanto envolvia os amigos em um olhar curioso. Ana, sempre cheia de energia, imediatamente respondeu: "Eu sempre comemoro meu aniversário, mas e quanto a tudo o que acontece entre uma data e outra? Acabo esquecendo de valorizar os pequenos passos."

"Essa é uma ótima reflexão," falou Joaquim. "Celebrar é como acender uma faísca em um motor. Precisamos de momentos de alegria para manter nossa motivação acesa e existir a energia necessária para darmos o próximo passo." As palavras começaram a ecoar entre os presentes, e uma atmosfera de entusiasmo e reflexão se formou.

Carlos se lembrou de uma história intrigante sobre um atleta olímpico que costumava registrar cada mínima conquista, desde um treinamento bem-sucedido até a superação de uma barreira pessoal. "Seu coach o orientou a entender que cada vitória, por menor que parecesse, construía sua jornada até chegar ao pódio olímpico. Ele dizia que essas celebrações eram combustível para evoluir e transcender limites, além de criar um ciclo positivo de progresso."

"É verdade," Ana interveio, "cada nova conquista nos aproxima dos nossos maiores objetivos. Às vezes, vemos esses passos pequenos como insignificantes, mas, na realidade, são as pedras que formam o caminho para o nosso sucesso pessoal."

Miguel, que até então tinha escutado atento, decidiu trazer à tona um exemplo pessoal. "Quando consegui pagar a primeira parcela do meu carro, realizei uma pequena comemoração. Reunir a família com um jantar simples valeu muito mais do que eu esperava, pois trouxe à tona o reconhecimento do esforço e uma sensação de conquista compartilhada."

A conversa envolveu diferentes histórias de celebrações que se tornaram marcos fundamentais na vida de todos. Cada um expressava como a ação de comemorar proporcionava não apenas felicidade, mas também um fortalecimento emocional, um ponto de partida para novas vitórias. "O que vocês acham de escolhermos mensalmente um momento para celebrarmos nossas pequenas conquistas?" sugeriu Carlos, e a ideia rapidamente ganhou apoio.

"Acho ótimo!" exclamou Raquel. "Podemos fazer uma roda de gratidão, onde cada um conta sua vitória e pede um desejo para a próxima fase. Isso roga energias boas e potencializa a motivação." Todos concordaram entusiasticamente.

Com a energia vibrando ao redor da mesa, Carlos caminhou na direção de uma conclusão essencial. "É fundamental dar valor a cada passo da jornada, porque a celebração é um reconhecê-la como parte do nosso crescimento. A cada pequeno esforço, a cada conquista, nos aproximamos de um futuro cheio de possibilidades."

O grupo, agora galvanizado, começou a discutir ideias criativas para suas celebrações. Um brunch mensal ou piqueniques em família foram citados como maneiras de transformar visões em realidade, um laço que alimentava tanto a amizade quanto a ambição. Ao final da conversa, Carlos sentiu que aquela noite fora um verdadeiro divisor de águas.

"Vamos começar essa nova jornada de celebrações," ele proclamou, contagiando todos com seu entusiasmo. "Pois cada conquista, por menor que seja, merece ser reconhecida. E ao fazermos isso, não apenas valorizamos o que já conquistamos, mas acendemos a chama da nossa motivação para o que ainda está por vir."

E assim, sob o brilho das estrelas, o grupo não apenas se despediu, mas também deixou um compromisso em aberto: cada um levaria um pouco da alegria da celebração em seus corações e cultiva-los seria a chave para um futuro vibrante e repleto de realizações. A linha do tempo de suas vidas acabara de ganhar mais cor.

DIRETO NO CONTEÚDO:

A celebrar as conquistas é uma arte que poucos dominam, mas que traz consigo um poder transformador inegável. Carlos, agora em um novo encontro com seus amigos, decidiu que era hora de compartilhar algumas ideias sobre como tornar esses momentos de festividade mais significativos. As conversas sobre as vitórias estavam sendo apenas um prelúdio; eles deveriam ser aproveitados como uma oportunidade de criar experiências memoráveis.

"Que tal a gente pensar em maneiras divertidas e criativas de comemorar cada pequena conquista?", propôs. O brilho de entusiasmo nos olhos de seus amigos já dizia que estavam prontos para o desafio. "Não precisa ser nada muito elaborado; às vezes, uma simples reunião em casa, com comida gostosa e um bom tema, pode transformar a celebração em algo especial."

Aqui, Ana levantou a mão, como sempre cheia de ideias brilhantes. "Eu adoro a ideia de um 'brunch de celebração'. Podemos cada um trazer um prato que represente uma pequena conquista da semana! Seria uma ótima maneira de misturar nossas histórias e sabores."

"Ou então," sugeriu Joaquim, "poderíamos dedicar um dia, criando um evento que combine nosso hobby, como esportes ou jogos. Um torneio de futebol ou até uma competição de videogame com prêmios simbólicos para os vencedores poderia deixar tudo mais divertido!"

A conversa se aprofundava, cada um adentrando mais no universo da criatividade. Carlos anotou as ideias, empolgado com todas as contribuições. "Vamos também nos lembrar da importância de reconhecer o esforço de cada um." Ele falou com intensidade, instigando suas mentes. "O reconhecimento público não só inspira o grupo, mas também acende a motivação de cada um."

Miguel, que estava um pouco mais reservado, decidiu entrar na discussão. "Eu tenho notado que fazer postagens nas redes sociais a respeito de nossas pequenas vitórias traz um bom retorno. Às vezes, é bom compartilhar e deixar claro como cada vitória tem um significado pessoal e, ao mesmo tempo, uma influência positiva ao nosso redor." O grupo confirmou que essa ideia poderia ser uma forma de criar um ambiente de apoio nas mídias sociais, unindo suas experiências.

Raquel, pensando profundo, ainda refletia sobre como a gratidão permeava essas celebrações. Ela trouxe uma perspectiva que ecoou entre todos: "Acho que cada celebração poderia incluir um momento de introspecção. Podemos, talvez, reservar certos minutos para que cada um fale sobre o que aprendeu ao longo da jornada ou simplesmente agradecer a todos por estarem ao nosso lado. Esse ato alimentaria nossa conexão e reforçaria a força desse grupo alegre e solidário."

Carlos ficou animado com a inclusão de gratidão nas celebrações. "Isso faz muito sentido! Lembrar-se de quem esteve ao seu lado ao longo dos desafios fortalece a nossa jornada e valoriza como cada um é importante na experiência coletiva. Que tal começarmos essa roda de gratidão em nosso próximo encontro?" Os amigos condenaram o olhar.

Com cada ideia compartilhada, percebia-se que a energia no ambiente pulsava com uma força especial. O que antes era um plano apenas sobre como comemorar, agora se tornava uma estratégia para criar memórias duradouras, experiências que conectariam ainda mais aquele grupo.

"Podemos também documentar essas celebrações! Quem sabe um mural de vitórias?" sugeriu Ana, desenhando com os dedos no ar. "Assim, ao voltarmos a nos encontrar, teremos tangíveis não só as memórias, mas também um espaço físico que mostre nosso progresso ao longo do tempo."

"Perfeito, Ana!" Carlos respondeu, cheio de empolgação. "Acreditar nessa visualização traz à tona a força da união e da celebração continuada. Sempre recordaremos que somos um time, sempre nos apoiando a cada conquista, por menor que seja."

Eles estavam prontos para colocar as ideias em prática, saboreando o sabor singular de cada sugestão. E com isso, o grupo não apenas se despediu daquela noite, mas carregou consigo uma nova promessa. O compromisso de celebrar o caminho e redescobrir a beleza do crescimento pessoal e coletivo se iluminaram sob a continuidade dos encontros. Vislumbraram juntos o que significaria, realmente, cultivar um ambiente de celebrações que não apenas enalteceriam as vitórias, mas solidificariam suas jornadas.

Após a discussão efervescente, Carlos refletiu sobre o que cada vitória exigia. Para ele, celebrar era um reconhecimento especial não só de um trabalho bem feito, mas de uma jornada realizada com entrega sincera. A via para a Terra Prometida se tornava ainda mais doce a cada conquista celebrada, estabelecendo um laço inquebrantável entre amigos.

Assim, com o último brilho das estrelas ali fora, e a promessa de um novo cineminha direcionada para a recapacitação das energias do grupo nas próximas semanas, Carlos se despediu, guardando em seus pensamentos a certeza de que, a partir daquele dia, não dariam apenas passos largos em direção aos seus objetivos, mas comemorariam com alegria cada pequeno avanço na jornada.

DIRETO NO CONTEÚDO:

As conquistas, grandes ou pequenas, são marcos significativos em nossa jornada, e Carlos foi levado a refletir sobre como extrair ensinamentos valiosos delas em sua conversa com os amigos. Esta ideia começou a se desenvolver quando ele lembrou uma passagem do livro que tinha lido sobre a importância de aprender com cada vitória.

"Devemos ver nossas conquistas como apostilas de aprendizado," afirmou em tom meditativo. "Cada uma delas nos entrega uma lição, uma peça do quebra-cabeça que compõe o quadro maior de nossa vida. Quando celebramos, não estamos apenas brindando aos sucessos; estamos também nos preparando para os próximos desafios."

"Acredito que uma celebração deve ser sempre seguida de uma reflexão," completou Ana, interessada. "Podemos usar cada vitória para redefinir nossos objetivos. O que a experiência de alcançar essa meta ensina sobre mim mesmo? O que devo continuar fazendo e o que posso fazer melhor da próxima vez?"

A discussão fluiu como um rio caudaloso, amplificando as vozes de diferentes perspectivas. Joaquim compartilhou uma grande descoberta pessoal: "Após conseguir a promoção no trabalho, reservei um tempo para escrever o que havia aprendido ao longo da jornada. Pensei nas pessoas que me apoiaram e no esforço que precisei colocar. Essa prática não só reafirmou meu aprendizado como me motivou a criar novos objetivos."

"Excelente ponto! Às vezes, somos apanhados pela turbulência do cotidiano e esquecemos de parar para, de fato, processar o que significa cada um desses momentos," refletiu Carlos, mirando os rostos atenciosos dos amigos. "Cada conquista traz consigo um valor e uma certeza de que somos capazes. Esses aprendizados, quando bem extraídos, se transformam em combustível para novos desafios. Devemos cultivar a prática de escrever sobre as conquistas — é uma ferramenta poderosa para autonomia, além de nos ajudar a traçar como p̶̶̶̶̶̶̶̶̶̶s alcançar novos horizontes."

Neste impulso de troca e inspiração, Raquel resolveu compartilhar uma vivência significativa: "Houve um projeto com o qual trabalhei que não estava no meu controle. Eu me sentia desanimada na equipe, mas, ao celebrar as pequenas entregas, voltei a engajar. A cada aprovação, a cada feedback positivo, logrei extrair motivação da equipe. O que aprendi lá foi que as pequenas vitórias são, na verdade, o grande eixo que sustenta o sucesso."

Ouvindo isso, Carlos fez uma pausa, absorvendo a magnitude da afirmação. "Essa é uma maneira genial de descrever a trajetória. Não vamos lembrar apenas do grande evento, mas de como cada esforço cotidiano, cada pequena celebração, tece o mosaico do que somos. Como podemos aplicar isso em nossas vidas cotidianas, em nosso trabalho e projetos pessoais?"

A pergunta pairou no ar, e o burburinho que se seguiu respondeu por si só. As sugestões formaram uma rede rica de práticas que cada um poderia implementar: fazer uma pausa para celebrar cada entrega no trabalho, agraciar os colegas com um simples 'obrigado' em reconhecimento ao apoio, e até mesmo criar uma tradição de celebrações em família onde cada membro compartilha suas pequenas conquistas semanais.

Carlos sentiu que o que todos estavam abrindo mão, eram pequenas bagatelas que poderiam se transformar em grandes histórias. A cada novo aprendizado extraído de uma conquista anterior, eles encontravam um marco em seu caminho — a terra prometida que lhes aguardava.

Com um sorriso aquecido, ele fechou as conversas da noite: "Convido todos vocês a registrar suas conquistas desta semana; não importa quão pequenas sejam. Vamos refletir não apenas sobre o que fizemos, mas também sobre o que aprendemos — e por, assim, criarmos uma contação viva do que nos trouxe até aqui e o que nos ajudará a seguir adiante."

O grupo concordou em participar, cientes do poder que essas pequenas celebrações e reflexões têm em suas vidas. Carlos olhou para as estrelas mais uma vez, a certeza batendo forte em seu coração, que cada conquista celebrada tornaria a jornada um caminho mais rico e vibrante através do deserto até a Terra Prometida.

DIRETO NO CONTEÚDO:

Carlos observava seus amigos com um fervor intenso. O tema daquela noite crescia em intensidade, circundando a mesa como uma dança de energias, cada um refletindo sobre as conquistas, pequenos e grandes passos que tomaram em busca de seus sonhos. Ele sentiu que agora, mais do que nunca, era hora de falar sobre a importância de manter a motivação para o futuro, utilizando as celebrações como combustível nesse caminho vibrante.

"Celebrar é um primeiro passo. Mas como garantir que essa celebração nos transforme realmente em um trampolim para novos objetivos?", Carlos indagou, olhando nos olhos de cada um, como se buscasse algo além de palavras, mas um entendimento profundo.

Ana, sempre rápida em suas reflexões, deu um passo à frente. "A motivação vem do ardor dessas celebrações! Assim como um atleta que se alegra após uma vitória, precisamos incorporar essa sensação em nossa rotina. Quando lembramos onde estivemos e onde queremos chegar, tudo faz sentido." Suas palavras pronunciadas ressoaram no ambiente, criando o espírito que saturava a conversa.

"Mas, além disso, é importante que saibamos como preservar essa energia. E aqui vão algumas dicas práticas que gostaria de compartilhar com vocês," continuou Carlos, incentivado pela empolgação crescente. "Podemos adotar o hábito de manter um diário de conquistas. Escrever nossos sucessos, revisitar o que nos trouxe até aqui é como visitar um museu pessoal onde cada vitória nos enche de forças para o próximo passo."

Joaquim acenou, já imaginando o que os traria mais riqueza emocional. "Grande ideia! Pode ser particularmente interessante fazer isso semanalmente. Assim como um ritual. Olhar para as conquistas passadas como uma forma de propulsão para novas." Sua animação era contagiosa. O grupo começou a discutir formas de tornar esse ritual parte de suas vidas, pensando até em como colocá-lo entre as festividades que virariam normais.

A ideia se solidificava. Raquel, sempre sensível ao poder da conexão, retrucou: "Além disso, ao celebrarmos juntos, estamos reforçando os laços entre nós. O que vocês acham de criar um momento de 'vencendo juntos'? Que tal fazermos um compromisso de nos encontrar periodicamente, não apenas para celebrações, mas para discutir como estamos aplicando essas aprendizagens em nosso cotidiano?"

Carlos sorriu, admirando como aquelas ideias interagiam e ganhavam forma. "Com certeza, Raquel! Pensando na força dessa união, o simples fato de juntarmos as energias em engajamento e propósitos facilita ainda mais o nosso caminho. As conquistas de cada um se tornam conquistas de todos."

"E o melhor de tudo!", continuou Ana, "é que isso se soma ao que já conversamos sobre gratidão. Podemos aproveitar cada encontro para expressar gratidão pelo apoio mútuo. Lembrar a cada passo da nossa jornada individual que são nossas conexões que fazem as vitórias ainda mais valiosas."

Carlos viu ali a força daquele coletivo. "Exatamente. Lembrem-se, celebrar é o reconhecê-lo na pessoa. Como fazer igual num espetáculo; você não vai aplaudir apenas a si mesmo — você aplaude o conjunto. Assim trazemos para o nosso núcleo de vitórias a ideia de congraçamento, reforçando que somos parte de uma mesma jornada."

O grupo se envolveu em risos e gestos empolgados enquanto discutiam seu compromisso com essas novas práticas. Sementeava-se ali a certeza de que cada celebração traria experiências memoráveis, e que nutririam a motivação a cada dia que passava. "Como temos feito até agora, que possamos ver isso não só como uma parada, mas como uma parte fundamental de nossa jornada. Que essas celebrações nos projetem cada vez mais para frente, elevando nossas aspirantes em meio a vitórias, por pequenos que sejam", concluiu Carlos.

Naquele instante, ao final da noite, Carlos sentiu que cada um deles levava consigo uma centelha a mais. O embalo das ideias criadas girava em frequência. A celebração a cada conquista não era um momento decorativo; era fundação, era um alicerce da mudança. E enquanto os amigos se despediam sob um céu repleto de estrelas, Carlos olhou em direção à vastidão. Afinal, o que era a Terra Prometida se não o resultado do esforço conjunto, das celebrações colecionadas e das vitórias compartilhadas?

Capítulo 11: A Mentalidade da Abundância

A mentalidade da abundância é uma das chaves mais poderosas que podemos desconstruir e reconfigurar em nossas vidas. Carlos, sentado à mesa com seus amigos, sentiu que era o momento propício para abordar esse conceito fundamental. Ele se lembrou de uma experiência que deixara uma marca significativa em sua própria jornada, e estava determinado a compartilhá-la com seu círculo íntimo.

"Quando falamos sobre abundância, a primeira coisa que devemos entender é o que ela realmente significa," disse Carlos, com um olhar sério mas acolhedor. "É olhar para o horizonte e perceber que há muito mais esperando por nós do que simplesmente aquilo que conseguimos ver à nossa frente. É uma perspectiva que vai além da escassez." Seus amigos o ouviram com atenção, já acostumados a encontrarem profundidade nas reflexões dele.

Em meio a sorrisos encorajadores e olhares curiosos, Ana fez uma pergunta provocativa. "E como a mentalidade da abundância pode impactar nossas escolhas do dia a dia?"

Carlos sorriu, percebendo a natureza estimulante da conversa. "Essa mudança começa nas decisões cotidianas. Por exemplo, imaginem que, ao invés de pensar que precisamos 'lutar para conseguir' algo, começássemos a acreditar que o universo está cheio de oportunidades à nossa espera. Isso influencia não apenas o como enxergamos o futuro, mas também o como nos relacionamos com o presente."

João, sempre cético mas curioso, franziu o cenho. "Então, você está dizendo que a mudança de mentalidade é simplesmente acreditar mais que temos espaço para crescer?"

"Exato," afirmou Carlos, sentindo que a afirmação ressoava com seus amigos. "Devemos nos abrir para as possibilidades e não limitar nossas perspectivas. Isso não significa ignorar os desafios, mas lidar com eles reconhecendo que existem portas abertas onde antes víamos apenas paredes."

A conversa passou a fluir naturalmente entre os amigos, cada um contribuindo com exemplos de como cultivavam essa mentalidade em suas próprias vidas. Ana trouxe à tona um livro que tinha lido, uma obra que falava sobre a transformação das mentalidades limitantes em oportunidades. "É incrível perceber como somos condicionados a pensar em termos de 'não ter'," comentou. "Quando fazemos o exercício da gratidão, reconhecendo o que já possuímos, realmente mudamos nossa percepção."

"É um ciclo!" exclamou Joaquim. "Quanto mais reconhecemos o que temos, mais conseguimos atrair e acessar o que desejamos. É como acender uma luz em um cômodo escuro. A simples luz da gratidão ilumina tudo ao nosso redor."

Com o entusiasmo crescente, Miguel recordou de uma experiência pessoal. "Recentemente, passei por dificuldades financeiras, o que realmente me fez sentir que a escassez era minha única realidade. Mas, quando comecei a focar na gratidão, percebi que tinha amigos, conhecimento, e recursos muitas vezes subestimados. Comecei a agir com esse entendimento, e as portas começaram a se abrir."

Percebendo que a conversa estendia-se além do certo e o errado, Carlos se sentiu motivado a aprofundar o tema. "A mentalidade de abundância também está conectada com tirar proveito das interações. Toda conexão que você faz tem um potencial – tanto para causar impacto quanto para receber ensinamentos. Isso é vital, pois na maior parte dos momentos, somos muitas vezes os responsáveis por nossas próprias barreiras," refletiu.

A noite continuava a avançar, e, antes que eles percebessem, já estava discutindo como poderiam impulsionar essa mentalidade nas suas vidas. Raquel sugeriu que a cada encontro fizessem uma roda de gratidão, onde partilhassem não só conquistas, mas também os aprendizados que as acompanharam. "Isso pode nos ajudar a visualizar mais claramente as possibilidades ao nosso redor," ela concluiu.

Carlos olhou para cada um deles com um misto de orgulho e alegria. "Sim! Vamos celebrar, vamos refletir e, mais importante, vamos nos desafiar a cultivar esse campo fértil que é a mentalidade da abundância. Afinal, cada uma de nossas histórias tem o potencial de influenciar o próximo passo em nossas jornadas."

Naquele instante, o grupo percebeu que ali não estavam para apenas recorrer a uma retórica vazia, mas sim para se comprometer a uma prática contínua. O poder da mentalidade de abundância e o calor da união puderam ser aliados na jornada rumo à sonhada Terra Prometida.

O que se viu naquela noite era mais do que uma conversa; era um pacto. Um pacto que ressoaria nas vidas de cada um deles, reverberando não apenas a transformação de suas mentalidades, mas a busca contínua por um futuro onde as possibilidades são ilimitadas e as vitórias, compartilhadas.

Com isso, sob o céu que começava a se cobrir de estrelas, Carlos sentiu que fundamentalmente era na conexão entre eles que florescia a verdadeira abundância. E assim, a jornada que havia começado no deserto da escassez, finalmente atirava suas sementes de esperança e mudança em direção à luz vibrante da abundância que esperava.

DIRETO NO CONTEÚDO:

A mentalidade da abundância não é simplesmente um estado mental, mas uma poderosa ferramenta capaz de transformar realidades. Carlos, em seu último encontro com os amigos, decidiu que era hora de explorar histórias inspiradoras que comprovam a eficácia dessa nova perspectiva de vida. Ele sabia que exemplos reais eram capazes de motivar e ilustrar como a mudança de mentalidade poderia impactar a vida de maneira significativa.

"Permitam-me compartilhar algumas histórias que ouvi durante meus estudos. São relatos de pessoas que, através da mentalidade de abundância, conseguiram reverter situações desafiadoras," começou Carlos, envolvendo os amigos em sua narrativa.

A primeira história escolhida foi sobre um homem chamado Rafael, que enfrentou uma crise financeira severa. No auge dos seus problemas, ele teve acesso ao livro que falava sobre cultivar a mentalidade da abundância. Inspirado, decidiu que, em vez de se concentrar nas suas limitações, começaria a enxergar novas oportunidades. "Rafael passou a fazer pequenas celebrações a cada passo que dava, seja ao encontrar um novo cliente ou ao economizar um trocado. Essa mudança de foco não só lhe trouxe alegria, mas também atraiu acontecimentos positivos. Menos de um ano depois, sua empresa estava florescendo", contou Carlos, enquanto os amigos escutavam atentos.

"E por que isso é tão importante?" ponderou Joaquim, levantando a voz. "Isso nos mostra que, ao mudar nossa forma de ver o mundo, podemos transformar não apenas a nossa visão, mas também a realidade ao nosso redor! Se Rafael tivesse mantido uma mentalidade de escassez, muito provavelmente ainda estaria lutando para se manter flutuante."

Ana, impelida por essa história, decidiu compartilhar uma experiência pessoal que ressoava com o que habían ouvido. "Lembro de quando comecei meu negócio. No início, eu sempre pensava que precisava lutar contra todos, como se houvesse um número finito de clientes. Estava tão presa à ideia da escassez que perdi muitas oportunidades de colaboração. Quando finalmente percebi que a abundância existe e que, ao invés de competir, eu poderia colaborar, tudo começou a mudar. Meus parceiros de negócio viraram amigos, e o sucesso fluiu de forma mais natural."

O entusiasmo cresceu entre os amigos ao perceberem que sua vida cotidiana estava repleta de exemplos semelhantes. Miguel lembrou a todos sobre um pequeno empresário em sua comunidade, que modificou sua abordagem após entender o conceito de abundância. "Ele passou a acreditar que ajudando outros empreendedores, o sucesso dele estaria atrelado ao sucesso dos outros também. E adivinha? Seu negócio agora é um dos mais respeitados da região!"

Carlos interveio, entusiasmado: "Essas histórias nos mostram que a mentalidade da abundância não é uma fantasia; é uma prática válida e poderosa. Tal mudança não vem sem desafios, é verdade, mas as recompensas em termos de realizações pessoais e financeiras podem ser monumentais."

Conforme a noite avançava, Carlos sentiu um profundo arrobo de esperança crescendo na sala. Através de histórias de transformação, ele percebeu que cada um ali havia reconhecido que a mentalidade da abundância era um convite à ação. Uma ação que os equiparia para lidar com riscos e obstáculos de modo mais positivo.

Para finalizar, Carlos lançou um desafio para o grupo. "Que tal cada um de nós identificar uma área da vida em que possamos aplicar o conceito de abundância esta semana? Sejam relações, finanças ou saúde. Vamos compartilhar nossas experiências no próximo encontro!"

Os amigos concordaram animadamente, enaltecendo a ideia. Antes de se despedirem, Raquel fez um último lembrete poderoso: "Recordem-se, o universo é vasto e cheio de possibilidades. Quando abrimos as portas da abundância, nos permitimos receber e compartilhar. Vamos cultivar isso juntos!"

Com promessas de reflexão e crescimento, eles partiram, mais conectados do que nunca pela mudança desejada. A mentalidade da abundância começava a tomar forma em cada um, como uma semente que germina e floresce sob a luz do entendimento e da colaboração.

"Essa jornada está apenas começando," pensou Carlos, sentindo-se inspirado pelo potencial que ainda estava por vir.

Assim, as histórias de transformação abraçavam cada um deles, unindo suas esperanças, energias e propósitos em direção a uma realidade mais luminosa, marcada pela profunda compreensão de que, no final, abundância é igualmente amor, amizade e crescimento coletivo.

DIRETO NO CONTEÚDO:

Cultivar a mentalidade da abundância é como regar uma pequena planta, exato, no início parece frágil, mas com o tempo e cuidado, cresce forte e saudável. Carlos, em mais um encontro com seus amigos, percebeu que já havia discutido muitas teorias sobre abundância, mas a prática era o verdadeiro catalisador da transformação. Assim, decidiu compartilhar algumas dicas valiosas sobre como integrar a mentalidade da abundância ao cotidiano.

"Primeiro, quero falar sobre a prática da gratidão," começou Carlos, com um sorriso esperançoso nos lábios. "A gratidão é a ponte para a abundância. Quanto mais agradecemos pelo que já temos, mais criamos espaço para receber o novo." Ele se lembrou de um livro que mencionava como manter um diário de gratidão poderia mudar a maneira como percebemos as coisas. "Podemos começar pequena. Por exemplo, separando alguns minutos ao dia para listar coisas pelas quais somos gratos. É um exercício simples, mas tem o poder de mudar nossa perspectiva."

Raquel, com um olhar atento, concordou. "E quando focamos no que já temos, nossa mente se abre para novas oportunidades. Eu comecei a fazer isso e, impressionantemente, as pequenas coisas passaram a ganhar mais valor para mim. O simples ato de agradecer me ajuda a perceber a beleza da vida no dia a dia."

Miguel, encorajado pela discussão, adicionou: "A visualização positiva também é essencial. Fecho os olhos e imagino onde quero estar em um futuro próximo. Vejo as conquistas e os passos que preciso dar para alcançá-las. Isso não só se alinha com minhas metas, mas ativa meus sentimentos sobre aquilo que desejo!"

"É como se estivéssemos desenhando o nosso futuro," disse Ana, enquanto as ideias continuavam a fluir. "E sobre o compartilhamento? Quando dividimos nossas experiências e conhecimentos, criamos um ciclo de abundância. Quando ajudamos o outro a crescer, acabamos atraindo para nós as mesmas energias positivas."

Carlos assentiu com entusiasmo. "Exato! O que muitos não percebem é que seu valor não diminui quando você compartilha. Ao contrário, você multiplica suas oportunidades. A vida é um grande fluxo, e acolher essa ideia de abundância—não só em trocas materiais, mas também em ensinamentos e experiências—é fundamental."

As conversas tomaram rapidamente um tom de festividade, e a ideia de criar um mural da abundância foi sugerida. "Podemos ter um espaço físico onde compartilhemos nossas vitórias, aprendizados e expressões de gratidão," sugeriu Raquel. "Isso pode nos ajudar a cultivar a mentalidade de abundância ainda mais visivelmente."

As animações no ambiente se tornavam palpáveis; a promessa de uma semana cheia de práticas que focariam na abundância acendia um espírito coletivo que ia além do simples apoio. Portanto, naquele momento, Carlos tomou a dianteira e falou em tom firme: "Nosso objetivo é construir, e reconhecer, um espaço fértil de crescimento e realização. Vamos nos comprometer a, cada um à sua maneira, aplicar essas práticas e compartilhar nossas experiências. De encontro em encontro, vamos cultivar essa mentalidade juntos."

Era impossível ignorar a energia vibrante entre os amigos. A partir daquele instante, a mentalidade da abundância não seria apenas um conceito, mas uma prática diária que cada um deles se propusera a viver. Enquanto a noite descortinava-se, seus corações estavam cheios de determinação e esperanças renovadas. E assim, sob a luz suave das estrelas, Carlos sorriu e soube que a jornada rumo à abundância mais genuína já havia dado o primeiro passo.

Com isso, encerraram a reunião com promessas de gratidão, visualizações e compromissos de compartilhamento. A cada dia, transformariam não só as suas vidas, mas impactariam o caminho de todos ao seu redor. Foi um lindo lembrete de que a abundância começa dentro de nós, e surge na forma de ações que refletem esse coração generoso e aberto a receber.

DIRETO NO CONTEÚDO:

Os desafios encontrados na jornada para a mentalidade da abundância são como pedras no caminho. Carlos se sentou com seus amigos naquele momento, refletindo sobre como esses obstáculos podem ser superados. "Todo mundo passa por dificuldades, e reconhecer isso é essencial," começou ele. "Enfrentar medos de falência, perda ou até mesmo a pressão social está no cotidiano de todos. Mas a forma como reagimos a esses desafios define nossa trajetória e estabelecimento de uma mentalidade próspera."

Assim, Carlos decidiu abordar os medos que todos ali sentiam de maneira aberta. "Quantas vezes vocês deixaram de agir por receio de falhar ou por se comparar com os outros?" Cada amigo estava ali não apenas compartilhando suas histórias, mas também vivendo as incertezas de um futuro que ainda não se desenhou. "Esses medos são naturais, mas precisamos aprender a lidarmos com eles," Carlos continuou, a energia no ar seguindo fluida e leve.

"Lembro-me de ter encontrado uma citação inspiradora," acrescentou ele, "que diz que 'os obstáculos são degraus para o topo do sucesso'. Se deixarmos que o medo nos paralisem, nunca poderemos alcançar as montanhas que queremos escalar." Ouvindo isso, Joaquim fez um gesto afirmativo. "O segredo é transformar esses obstáculos em impulsos. Quando olho para o que me impede, enxergo também uma oportunidade de crescimento."

"Não podemos esquecer," lembrou Ana, "que a escassez é uma armadilha. A comparação com os outros cria um ciclo de infelicidade e desmotivação." Um silêncio de compreensão pairou na mesa, unindo os amigos em seu desejo por superação. Miguel, sempre muito atento, decidiu compartilhar: "Um dia, olhando minha vida e percebendo comparações com colegas que pareciam ter mais sucesso, finalmente compreendi que essas comparações só serviam para me deixar triste. A única comparação que importa é com quem eu era ontem."

Essa foi a deixa para Carlos retomar a conversa. "Ótimo ponto, Miguel! A única expectativa que devemos ter é a do nosso próprio crescimento. Agora, ao falarmos de superação, como encontramos força para encarar as nossas inseguranças?" A fala ainda reverberava quando Raquel tomou a palavra. "Uma coisa que sempre me ajudou foi buscar apoio nas pessoas que estão ao meu redor e que acreditam em mim. Compartilhar as inseguranças me leva à reflexão."

"E que tal pensarmos em práticas que ajudam a dar um passo em frente nessa jornada?" Carlos sugeriu, percebendo que estavam criando um espaço seguro para diálogo. Um brainstorming se estabeleceu. "Podemos criar um grupo de apoio. Um espaço, onde discutimos nossas fraquezas, mas também compartilhamos conquistas e formas de superar cada desafio."

Ouvindo isso, Ana fez uma adição crucial. "E também precisamos ter em mente que, ao enfrentarmos esses desafios, celebramos pequenas vitórias. Isso nos dá esperança, nos fortalece para o que ainda está por vir." Mais uma vez, cada um dos amigos concordou, sentindo a energia se intensificar.

"Nossas conversas hoje têm sido um grande passo. Não podemos esquecer que precisamos agir e não ficar paralisados por nossos medos," disse Carlos, já cercado pelo calor no ambiente ao seu redor. "Vamos, então, todos nos comprometer a dar não só o primeiro passo, mas a continuarmos avançando por esse caminho juntos?"

De mãos dadas e sorrisos no rosto, o grupo fez uma promessa de apoio mútuo, um compromisso de transformar desafios em aprendizados. Com esse pacto selado e o sentimento renovado de esperança, cada um deles se despediu sabendo que, diante das dificuldades, a amizade e a união se tornariam a luz no caminho. Assim, uma nova etapa começava, um passo mais na jornada em direção à mentalidade da abundância, onde a vida —

não importa quão ressaltadas fossem as dificuldades — sempre teria um caminho mais vibrante à frente.

    E Carlos sentiu-se feliz. Aquela conversa talvez fosse uma simples troca, mas significava muito mais, reforçando que com perseverança e solidariedade, qualquer desafio poderia ser transformado em sabedoria e crescimento.

Capítulo 12: Conclusão e Olhar para o Futuro

A noite caiu suavemente sobre a mesa onde Carlos e seus amigos costumavam se encontrar. O clima estava repleto de expectativa, pois era o momento de refletir sobre tudo que vivenciaram juntos. Cada um deles sentou-se, o olhar atento e o coração aberto para revisitar a jornada transformadora que tiveram.

"Vocês se lembram da primeira vez que falamos sobre a mentalidade da abundância?" começou Carlos, com um sorriso que ressoava nostalgia. Ele pensou em como as conversas haviam evoluído ao longo do tempo, como se cada um dos encontros fosse uma peça de um grande quebra-cabeça que agora se mostrava completo. "Foi um ponto de virada, não foi? Todos nós estávamos em pontos diferentes de nossas vidas, e mal sabíamos o quanto mudaríamos."

João, sempre reflexivo, assentiu. "É incrível como uma ideia simples se transformou em uma filosofia de vida. Aprendemos a ver as situações sob um prisma diferente, a enxergar oportunidades onde antes havia apenas medo e dúvida." O restante do grupo sorriu e murmurou em concordância, memórias de momentos de insegurança fluindo em suas mentes.

Carlos continuou: "Mas o que mais resonou para mim foi a forma como nos tornamos uma rede de apoio, um ao outro. Cada vitória celebrada nos aproximou e fortaleceu. Não é só sobre a mentalidade de abundância que se restringe a nós, mas como isso afeta todos ao nosso redor."

Ana interrompeu, entusiasmada: "E quando falamos sobre a gratidão? Lembro-me de como ela se tornou parte do nosso dia a dia! Olhar para as coisas que já temos e expressar gratidão de forma sincera nos fez perceber o quanto somos privilegiados, mesmo nos momentos desafiadores." Seu entusiasmo era contagiante; todos sentiram a mesma emoção, recordando como se tornara um hábito diário.

Carlos respirou fundo, percebendo que sentia orgulho deles. "Essa prática é poderosa. Quando parecemos gratos, abrimos espaço para mais abundância. É como se a gratidão fosse uma semente que planta novos sonhos." Ele fez uma pausa, deixando suas palavras ecoarem.

Miguel, como sempre entusiasta, comentou: "E não podemos esquecer da importância de manter contato com pessoas que têm as mesmas ambições. Nossa vivência nesta jornada me abriu os olhos para a força das conexões. Lembro daquela vez em que conheci uma pessoa num evento de networking e como isso mudou a trajetória do meu negócio!"

Carlos sorriu de prazer. "Exatamente, Miguel! O ambiente que escolhemos influencia diretamente quem nos tornamos. E irei tomar essa lição adiante, todos nós devemos nos rodear de pessoas que inspirem crescimento e consigam nos puxar para cima quando caímos."

Raquel, com um brilho nos olhos, observou: "Esta jornada não é uma linha reta. Não estivemos sempre em um mar calmo. Passamos por tempestades, mas o que nos une é a coragem de nos levantarmos continuamente." Ela determinou esse ponto com uma intensidade que deixou todos reflexivos.

"E assim seguimos adiante!" exclamou Carlos, energizado. "Com as lições aprendidas e os novos objetivos traçados. Se antes éramos o deserto, agora somos um pomar em flor." O círculo de amigos estava radiante, tomando isso como um ponto crucial para pisar em novas direções.

Por fim, Carlos sentiu que havia uma nova etapa pela frente. "Mas o que mais desejo é que ninguém de nós simplesmente coloque esta filosofia em uma prateleira. Que continuemos a celebrar nossas vitórias, a trabalhar nossas batalhas e a vivenciar a abundância não só em nossas vidas, mas nas vidas de quem nos rodeia." A seriedade de suas palavras encontrou eco em cada expectativa.

E assim, a conversa fluiu naturalmente, cada um compartilhando seus planos para o futuro, as missões que abraçariam e as maneiras que encontrariam de espalhar a mentalidade da abundância. Havia uma energia renovadora no ar, e todos estavam imbuídos do desejo de seguir adiante com ousadia e amor.

No claro silêncio que se fez, Carlos soube que a jornada nunca terminaria por completo, pois embora as páginas deste livro estivessem se encerrando, as histórias ainda eram escritas a cada novo amanhecer que surgia no horizonte. Desta forma, viveriam para sempre conectados por uma única e poderosa verdade: a abundância, verdadeiramente, começa dentro de cada um de nós.

DIRETO NO CONTEÚDO:

Em meio à calmaria daquela noite serena, Carlos fez uma pausa, permitindo que seus amigos absorvessem o que haviam discutido ao longo de todas aquelas semanas. O aprendizado estava tão fresco na memória de cada um que parecia palpável no ar. Com entusiasmo, ele sentiu a necessidade de transformar toda aquela reflexão em um convite claro à ação.

"Quero que cada um de vocês leve consigo, a partir de agora, a responsabilidade de ser um agente ativo na sua própria mudança," Carlos insistiu, sua voz cheia de determinação. "A mentalidade da abundância é uma prática constante. Portanto, o que nos traz à mesa novamente é como podemos aplicar todos esses aprendizados em nossas rotinas diárias."

Assim, ele apresentou algumas estratégias práticas. "Vamos pensar em mantras que nos lembrem a cada dia de nosso potencial; aquelas frases que, repetidas em voz alta, energizam e abrem nossos corações e mentes para conectar com a abundância que está diante de nós."

Ana, em um gesto cheio de comprometimento, começou a anotar algumas das sugestões que Carlos fazia. "Eu adoraria ter algo que eu possa ver diariamente, algo que me lembre do que realmente importa e do que quero trazer para minha vida. Uma lista talvez?"

"Exatamente!" Carlos exclamou, animado. "Convide-se a fazer uma lista de gratidão! Mas façam isso de forma visual. Sejam criativos! Façam murais, cartazes, ou simplesmente escrevam em um diário. Lembrem-se de que cada pequena vitória merece reconhecimento. Quanto mais celebramos, mais a vida responde à nossa generosidade."

Miguel, sempre prático, interveio. "E que tal reuniões regulares, onde nos encontramos para compartilhar não apenas os desafios que enfrentamos, mas também as bênçãos que viessem ao nosso encontro? Assim podemos manter a energia em alta e continuar cercados por influências positivas."

"Sim! Uma roda de abundância!" sugeriu Joaquim. "Podemos fazer isso toda semana ou a cada mês. Vamos compartilhar experiências, aprendizados e dizer uns aos outros como estamos incorporando tudo isso."

"Isso é fundamental," Carlos reforçou. "À medida que nos unimos, alimentamos a própria essência da abundância. A ideia não deve apenas ficar entre nós, mas ir além. Convido cada um a pensar em maneiras de expandir essa mentalidade para nossos círculos mais próximos. Como podemos compartilhar o que aprendemos?"

Raquel, animada pela perspectiva, acrescentou: "Poderíamos organizar eventos comunitários, workshops ou até mesmo pequenos encontros abertos a outras pessoas, para que possamos difundir essa mensagem. Imagine se pudéssemos criar um movimento em torno disso! Isso mostraria que, juntos, somos muito mais fortes!"

Carlos sorriu, pegando o espírito inovador que permeava o grupo. "A abundância se alimenta da comunicação e do compartilhamento. Vamos fazer isso! Nossas iniciativas podem criar ondas de transformação, não apenas em nossas vidas, mas também nas vidas de outros. Cada um de nós pode ser essa faísca para acender a mudança."

Com a noite se aprofundando, o clima de união e entusiasmo se tornava cada vez mais evidente. Cada amigo sentiu dentro de si a força de suas vozes e a necessidade de agir. A mentalidade da abundância não era mais um conceito distante ou uma visão nebulosa; era uma promessa de ação e transformação que estava prestes a florescer em cada um deles e se irradiar pelo mundo.

"Estamos começando um movimento," Carlos refletiu, enquanto via os rostos animados de seus amigos. "Um movimento onde a mentalidade da abundância é não apenas uma escolha diária, mas um estilo de vida. Estamos criando não só uma história entre nós, mas um legado de apoio e prosperidade."

O grupo, agora repleto de energia, fez uma promessa silenciosa: não eram apenas amigos, mas aliados em uma jornada que iriam nutrir juntos, criadores de uma nova realidade que abraça a abundância e uma visão compartilhada de um futuro brilhante. E assim, sob as estrelas que piscavam com intensidade, cada um deles sentiu a forte pulsação da vida e a certeza de que o amanhã seria um palco onde suas ações ressoariam e reverberariam pelo mundo fora.

No silêncio que se seguiu, todos estavam certos de que a jornada apenas começava. E como sentiam em seus corações, a abundância estava à espera de ser vivida.

DIRETO NO CONTEÚDO:

O futuro, com sua imensa tela em branco, se apresentava diante de Carlos e seus amigos como um convite irresistível à ação. Eles conseguiam ver mais do que simples possibilidades; viam um oceano de oportunidades fluindo à sua espera. "Agora," começou Carlos, "precisamos nos concentrar em como implementar tudo o que aprendemos até aqui." O entusiasmo nas palavras ecoava no coração de todos, já preparando o terreno para o que estava por vir.

Por um momento, Carlos fechou os olhos, permitindo que os próprios pensamentos dançassem em sintonia com as vozes dos amigos ao seu redor. Cada um deles tinha se comprometido a honrar a mentalidade da abundância, e juntos estavam prontos para semear essas ideias em suas vidas diárias. A sala iluminava-se com sorrisos e reflexões sobre o quanto tinham evoluído, não apenas como indivíduos, mas como um coletivo.

"Visualizem suas vidas nos próximos anos! O que conquistarão ao manter essa mentalidade?" questionou Carlos, com um brilho nos olhos. Ele sabia o quão poderoso era o exercício da visualização e queria que todos se permitissem viver esse momento. As respostas começaram a fluir, cada amigo compartilhando visões de um futuro vibrante e repleto de conquistas.

Miguel, com o tom fervilhante de esperança, falou sobre seu desejo de expandir seu negócio de forma ética e sustentável. "Imaginando o impacto positivo que podemos criar em nossa comunidade, sinto que nosso trabalho não é apenas sobre lucro, mas sobre legado," expressou, com a paixão brilhando em seu olhar.

Ana, inspirada, complementou a ideia. "E não me esqueço do quanto esse compromisso coletivo pode incentivar aqueles ao nosso redor. Meus filhos, por exemplo, crescerão em um lar onde a abundância é mais do que um conceito abstrato - é uma prática diária." A admiração do grupo crescia, e todos se sentiam imbuídos da responsabilidade e do prazer de ser agentes de mudança.

João, sempre conciliador, interrompeu e disse: "A verdade é que o caminho à frente pode ser desafiador. Mas se o fizemos juntos, não será diferente desta vez. Que tal criarmos um espaço onde possamos nos reunir mensalmente, compartilhar não só os desafios, mas as vitórias que surgem?" O apoio era palpável, a energia da sala animada por sua sugestão.

"Isso reduzirá a carga dos obstáculos em nosso caminho! Ser um pilar de apoio uns para os outros fará toda a diferença," confirmou Carlos, e a ideia começou a tomar forma. O grupo imediatamente começou a falar sobre datas, locais e metas que poderiam estabelecer em cada encontro. O desafio se transformou em festa, um espaço para celebrar a jornada juntos.

"Agora quero compartilhar algo especial," continuou Carlos, trazendo um brilho cúmplice aos olhos, "Um desejo que não é apenas meu, mas de todos nós. Quero que continuemos a difundir a mentalidade da abundância. Seja olhares encorajadores, pequenos atos de bondade ou reflexões diárias, toda ação conta." O grupo, animado, concordou. Era hora de não apenas internalizar o aprendizado, mas levá-lo ao mundo.

As histórias de sucesso foram novamente lembradas e citadas, não como um final, mas como uma trilha que os amigos estavam abrindo. O exemplo de pessoas que mudaram suas vidas tocou fundo no coração de cada um, e a visão de um amanhã prospero surgiu ainda mais clara. "Se cada um de nós levar consigo um único aprendizado," reforçou Carlos, "a energia dessa prática se multiplicará! Precisamos viver como aquilo que defendemos."

O murmúrio da sala se transformou em um rugido. As vozes se elevavam em um hino de esperança, cada amigo sentindo que eram portadores de uma poderosa mensagem. A ideia de criar um movimento solidário a partir daquela roda de amigos encheu a sala de uma energia vibrante, pronta para se espalhar por outros círculos de influência.

"Quando cada um de nós olha para o futuro, que abracemos a crença de que somos capazes; não apenas como indivíduos, mas juntos, como comunidade." A afirmação de Carlos reverberou, enquanto os amigos se levantavam em um gesto simbólico de união, olhando para o horizonte de suas vidas com os corações cheios da certeza que a abundância era sua realidade a partir dali.

Dessa forma, o grupo deixou a reunião não apenas comprometido com suas próprias jornadas, mas com a missão de espalhar a mensagem onde quer que fossem. Com os olhos brilhando de emoção, e o peito aquecido pela solidariedade, um novo capítulo de suas vidas começava a ser escrito, um capítulo onde a abundância se tornaria não apenas uma escolha, mas um estilo de vida imbatível, reflexo de uma jornada coletiva e vibrante.

DIRETO NO CONTEÚDO:

Enquanto os amigos de Carlos refletiam sobre a jornada até o momento, o ar era permeado por uma sensação de renovação e compromisso. "O que vivemos até aqui é apenas o começo," começou Carlos, com a mesma paixão de sempre. "O futuro é um convite à ação, e a responsabilidade de cada um de nós é tomar as rédeas dessa mudança e torná-la realidade."

Ele olhou ao redor da mesa, percebendo os olhares determinados. "Talvez não seja simplesmente sobre alcançar objetivos pessoais, mas também sobre tocar a vida das pessoas ao nosso redor. A mentalidade da abundância é contagiosa, e ao compartilharmos essa filosofia, estamos contribuindo para criar uma rede de apoio que transcende as limitações individuais."

"Isso é tão verdade," disse Ana, abraçando a ideia. "Lembro de como todos nós nos beneficiamos ao dividir experiências e conhecimento. Podemos iniciar um movimento, uma comunidade que respira a abundância. Imagine quantas pessoas ainda não conhecem essa perspectiva!" Sua visão era clara e inspiradora, e a ideia rapidamente ganhou força entre o grupo.

"Cada um de nós possui um papel fundamental nessa missão," complementou Raquel. "Podemos compartilhar nossas histórias, nossas lutas e conquistas. Vamos usar nossas redes sociais, nossos círculos de amizade, e quem sabe até fazer encontros abertos onde possamos contagiar outros com essa mensagem." A energia da sala crescia enquanto as ideias fluíam naturalmente.

Carlos, sentindo-se fortalecido pela visão coletiva, abordou um ponto crucial. "Não devemos esquecer que a maturidade e ação na mentalidade da abundância não ocorrem da noite para o dia. Exigem dedicação, prática e, acima de tudo, resiliência. Haverá dias bons e dias difíceis, mas é nesse caminho que nossos verdadeiros progressos se revelam."

Miguel então sugeriu que fizessem uma lista de compromissos a partir daquela noite. "Vamos listar algumas ações concretas que cada um de nós pode tomar para alimentar essa mentalidade em nossas vidas e nas vidas dos outros. Quais passos podemos dar esta semana?"

A partir desse desafio, um burburinho animado começou, com cada um dando ideias que se transformaram em promessas reais. "Praticar um ato de bondade por dia! Pode ser ajudar um desconhecido ou prestar atenção em um amigo que precisa de apoio..." propôs João entusiasmado. "Ou talvez um compromisso de gratidão diariamente, garantindo que reconheçamos sempre o que já temos!" acrescentou Ana, inspirada.

Os amigos decidiram, naquele instante, que se reuniriam semanalmente para fazer um balanço do que haviam realizado. Haveria um espaço seguro para inspirar e indo além dos desafios. "É essencial celebrarmos cada pequena vitória," lembrou Carlos enquanto começava a enfocar a ideia da jornada visual.

"A visualização é poderosa, e se cada um de nós puder imaginar não só nosso próprio futuro, mas o futuro do nosso círculo de influência, conseguiremos transformar essa realidade." Miguel assentiu, todos entendendo que a visão compartilhada poderia se destacar em cada um de seus contextos de vida.

Quando a noite começou a se condensar em risos e votos de felicidade e gratidão, Carlos fez questão de enfatizar a mensagem final. "Lembrem-se sempre de que a abundância começa com nós mesmos. Cada passo dado por um de nós ressoa no coletivo, então, sejamos cada vez mais intencionais em cultivar essa mentalidade, para que possamos impactar não apenas nossas vidas, mas o mundo ao nosso redor."

Com promessas trocadas e a certeza de que a jornada estava apenas começando, Carlos sentiu um calor profundo voltar ao seu coração. Era como se uma corrente fosse criada naquela sala, uma corrente de esperança, colaboração e um futuro repleto de possibilidades, moldadas a partir da riqueza interior de cada um.

Ao longo desta jornada, você teve a oportunidade de explorar não apenas os desafios e sacrifícios que a vida nos impõe, mas também as inúmeras possibilidades que são despertadas quando adotamos uma mentalidade de abundância. Cada passo dado, cada história compartilhada, revela que todos enfrentamos desertos em nossas vidas — momentos de incerteza, medo e dificuldades financeiras. No entanto, a verdadeira magia está em como reagimos a esses obstáculos.

É fundamental que você se lembre de que a transformação começa dentro de você. A escolha de acreditar que o futuro pode ser brilhante, que o conhecimento e a força coletiva são ferramentas poderosas à sua disposição. Ao longo de nossas experiências, vimos o poder das relações, do apoio mútuo e da celebração de nossas conquistas — são esses os pilares que sustentam a construção de uma vida próspera.

Desafie-se a definir metas claras, a celebrar cada pequena vitória e a não ter medo do fracasso, pois ele é uma parte essencial do seu crescimento. Lembre-se: a abundância não é apenas um estado de riqueza; é um modo de viver. Ao abraçar essa mentalidade, você não só transforma sua própria vida, mas também inspira e fortalece aqueles que estão ao seu redor.

Agora, mais do que nunca, mantenha viva essa chama de esperança e determinação. O caminho para a sua Terra Prometida é desbravável, e a jornada está apenas começando. Junte-se a mim, e a todos nós que buscamos o mesmo, em um movimento de abundância e crescimento. Que juntos possamos escrever histórias de sucesso que ecoem por gerações.

Com sinceridade e gratidão,

A jornada, do deserto para terra prometida

Johnathan Jesus Oliveira

www.ingramcontent.com/pod-product-compliance
Lightning Source LLC
Chambersburg PA
CBHW031421210526
45464CB00005B/1997